LA

VAINE PATURE

DU MÊME AUTEUR :

La Réforme de l'hygiène publique (Extrait de la *Revue d'administration*), 1885 ; gr. in-8°, broché . . . . **1** fr.

Des Obligations et des droits des communes en matière d'écoles (Extrait de la *Revue d'administration*), 1889 ; grand in-8°, broché. . . . . **2** fr.

LA

VAINE PATURE

COMMENTAIRE

DES

LOIS DU 9 JUILLET 1889 ET DU 22 JUIN 1890

Par JEAN DEJAMME

AUDITEUR AU CONSEIL D'ÉTAT

BERGER-LEVRAULT ET Cie, ÉDITEURS

PARIS — 5, RUE DES BEAUX-ARTS

NANCY — 18, RUE DES GLACIS

1890

LA VAINE PATURE

---

1. — On désigne sous le nom de vaine pâture le droit qui appartient aux habitants d'une commune d'envoyer leurs bestiaux sur les fonds les uns des autres, lorsque ces fonds sont en jachère ou après qu'ils ont été dépouillés de leurs fruits. Ce droit remonte à la plus haute antiquité. La vaine pâture, comme son nom l'indique, par opposition à la *vive* ou *grasse* pâture qui absorbe tous les produits du sol, s'applique à un terrain inculte ou dépouillé de sa récolte, dont les produits n'ont qu'une faible valeur et dont l'abandon aux bestiaux n'entraîne pas, en général, de préjudice appréciable pour le propriétaire. Le droit de vaine pâture constitue, d'ailleurs, une servitude réciproque, et celui qui subit sur son fonds le pacage des bestiaux appartenant aux autres habitants, peut envoyer son bétail sur les terres de ses voisins.

2. — Le *parcours,* nom qui a été associé dans bien des textes à celui de *vaine pâture,* était le droit appartenant aux habitants de deux communes au moins de conduire, après l'enlèvement des récoltes, leurs bestiaux sur les terrains dépendant de leurs circonscriptions respectives : c'était une servitude réciproque de commune à commune.

Le parcours n'existe plus aujourd'hui : il a été aboli par la loi du 9 juillet 1889 sur le Code rural. Quant à la vaine pâture, son application a été considérablement restreinte par cette même loi, malgré les tempéraments que la loi du 22 juin 1890 a apportés à la rigueur du texte voté l'année précédente. Ces modifications profondes apportées récemment à des droits qui, chez certaines populations rurales, étaient de véritables traditions, nous ont engagé à présenter cette étude.

3. — Le droit de vaine pâture et celui de parcours ne doivent pas être confondus avec certains autres droits de pâturage consistant dans la faculté accordée à des particuliers ou à des communautés d'envoyer leurs troupeaux sur les terrains d'autrui. Les droits de pâturage diffèrent principalement du parcours et de la vaine pâture en ce qu'ils n'ont pas le caractère de réciprocité. Il en résulte que, si une commune réclamait le parcours sur le territoire d'une autre commune, non à titre réciproque, mais à titre privatif et en vertu d'un ancien titre, l'abolition du droit réciproque ne pourrait plus faire obstacle à la réclamation. Ainsi, il a été jugé que l'édit du mois de mars 1769 qui, par son article 5, a aboli dans la province de Champagne le droit réciproque de parcours de paroisse à paroisse, n'est pas applicable au cas où une commune réclame un droit de pâturage sur le territoire d'une autre commune, à titre privatif et sans réciprocité. (Cass. 18 juin 1840; Jay et Beaume, *Traité de la vaine pâture,* n° 56.)

La même solution devrait être adoptée aujourd'hui à la suite de la suppression du parcours par la loi du 9 juillet 1889.

4. — Il existait autrefois, dans l'ancienne Bretagne, un droit dit *de communer* et qui consistait dans le droit au pacage des bestiaux qui pouvaient être nourris pendant l'hiver sur les pailles et foins des terres auxquelles ce droit était attaché. C'était anciennement une servitude qui a été convertie en droit de propriété par l'article 10 de la loi du 28 août 1792; mais il ne peut être exercé à titre de droit de propriété que dans les mêmes conditions où il était exercé à titre de servitude. En conséquence, ce droit ne peut être réclamé que par ceux qui étaient propriétaires de terrains ayant droit, avant 1792, à la servitude de communer. Il ne peut être réclamé notamment par ceux qui, à la suite d'un partage, ont cessé d'être propriétaires de ces terrains, alors même qu'ils auraient fait la réserve du droit de communer ou qu'ils en auraient la possession, la servitude de communer ne pouvant s'acquérir, en Bretagne, par une longue possession. (Cass. 21 mars 1855, Prand, S. 56, 1, 328.)

5. — Nous avons dit que la vaine pâture et le parcours, qui n'est que l'extension de la vaine pâture à plusieurs communes sur les territoires desquelles elle s'exerce réciproquement, ont une origine très ancienne. Mais déjà, sous l'ancien régime, on comprit les inconvénients que l'exercice de ces droits présente pour les progrès de l'agriculture, indépendamment des nombreux abus auxquels il donnait lieu. Aussi l'abolition en avait été prononcée, avant 1789, dans un grand nombre de provinces et de communes.

6. — L'Assemblée constituante n'osa pas décréter la

suppression complète du parcours et de la vaine pâture. La loi des 28 septembre-6 octobre 1791 se borna à y apporter certaines restrictions. Les articles 2 et 3, section IV, titre Ier, de cette loi étaient ainsi conçus :

« Art. 2. — La servitude réciproque de paroisse à paroisse, connue sous le nom de *parcours*, et qui entraîne avec elle le droit de vaine pâture, continuera *provisoirement* d'avoir lieu avec les restrictions déterminées à la présente section, lorsque cette servitude sera fondée sur un titre ou sur une possession autorisée par les lois et les coutumes. A tous autres égards, elle est abolie.

« Art. 3. — Le droit de vaine pâture dans une paroisse, accompagné ou non de la servitude du parcours, ne pourra exister que dans les lieux où il est fondé sur un titre particulier, ou autorisé par la loi ou par un usage local immémorial et à la charge que la vaine pâture n'y sera exercée que conformément aux règles et usages locaux qui ne contrarieront point les réserves portées dans les articles suivants de la présente section. »

7. — Ainsi le parcours et la vaine pâture n'étaient maintenus que là où ils étaient consacrés par un titre ou un usage local immémorial. En outre, le parcours n'était conservé que *provisoirement;* on en prévoyait déjà la suppression complète, réalisée un siècle plus tard. Enfin, l'exercice de ces droits était subordonné aux réserves imposées par la loi. Il fut décrété que les droits de parcours et de vaine pâture ne pourraient, en aucun cas, empêcher les propriétaires de clore leurs héritages et de les en affranchir de cette manière (titre Ier, section IV, art. 5, 6 et 7); que, dans aucun cas et dans aucun temps, ces

droits ne pourraient s'exercer sur les prairies artificielles et ne pourraient avoir lieu sur aucune terre ensemencée ou couverte de quelque production que ce soit qu'après la récolte (*ibid.*, art. 9); que partout où les prairies naturelles seraient sujettes au parcours ou à la vaine pâture, ils n'auraient lieu provisoirement que dans le temps autorisé par les lois et coutumes et jamais tant que la première herbe ne serait pas récoltée (*ibid.*, art. 10).

8. — La jurisprudence faisait une application rigoureuse du principe que le droit de vaine pâture ne peut exister que dans les lieux où il est fondé sur un titre particulier ou autorisé par la loi, ou par un usage local immémorial. (Cass. 11 février 1874, commune de Bantanges, S. 74, 1, 487.)

Il résulte du même arrêt que la vaine pâture étant une servitude discontinue ne saurait, sous le régime du Code civil, s'acquérir par la possession même immémoriale.

9. — Malgré ces restrictions, le parcours et la vaine pâture subsistaient encore dans des conditions assez larges. On ne pouvait s'empêcher de reconnaître, pourtant, que ces droits présentaient des obstacles insurmontables à la disparition des jachères et empêchaient la formation des prairies artificielles, et, dans les prairies naturelles, l'utilisation des regains. Cet usage avait, de plus, le grave inconvénient de propager et de perpétuer les épizooties. Les partisans du maintien objectaient le préjudice que la suppression causerait à la classe pauvre des populations rurales, les bienfaits de la disposition de la loi de 1791 (section IV, art. 14) permettant à tous d'envoyer sur les terrains soumis à la vaine pâture « six bêtes à laine et une vache avec son veau ». Mais, toutes les fois qu'un projet de Code rural fut mis à l'étude, la tendance à l'abolition de ces droits prévalut. C'est ce qui arriva en 1808, en 1834 et en 1868. (*Exposé des motifs du Projet de Code rural,* annexe au procès-verbal de la séance du Corps législatif du 16 juillet 1868, session 1868, n° 234.)

L'opinion publique, d'ailleurs, n'était pas favorable à la vaine pâture : en 1853, 77 départements en réclamèrent la suppression, 11 seulement se prononcèrent pour le maintien.

10. — Le projet de 1868 abolissait expressément le parcours que la loi de 1791 n'avait maintenu que provisoirement et qui, impliquant la réciprocité de commune à commune, entraînait des inconvénients plus graves que la vaine pâture limitée à une seule circonscription communale.

11. — Une loi spéciale du 22 juin 1851 avait supprimé le parcours et la vaine pâture dans le département de la Corse, où ils donnaient lieu aux plus graves abus. Les restrictions de la loi de 1791 n'y étaient pas observées et les propriétés y étaient en proie à de véritables dévastations.

12. — Mais la réforme générale de cette partie de notre législation rurale se faisait encore attendre. La loi du 18 juillet 1837 sur l'organisation municipale avait classé le parcours et la vaine pâture parmi les matières sur lesquelles les conseils municipaux étaient appelés à délibérer (art. 19, 8°). La délibération du conseil municipal, approuvée par l'autorité supérieure, pouvait réglementer l'exercice de ces droits, et nous verrons plus loin que la jurisprudence accordait à l'administration, en cette matière, des pouvoirs assez étendus.

13. — La loi du 5 avril 1884 (art. 68, 4°) ne mentionne plus le parcours. Il faut attribuer ce silence à ce que l'abolition de cette servitude, beaucoup plus grave que la vaine pâture, était prévue pour une époque peu éloignée ; elle a été, en effet, prononcée par la loi du 9 juillet 1889.

14. — Aux termes de l'article 1er de cette loi, le droit de parcours est aboli. « Cet usage, déjà suranné il y a cent ans, tombé en désuétude dans le plus grand nombre de nos départements, n'a plus de raison d'être nulle part. » (Rapport de M. Boreau-Lajanadie, Chambre des députés, annexe au procès-verbal de la séance du 29 mars 1888, session 1888, n° 2608.) Toutefois, ajoute le même rapport, cette suppression ne saurait être une confiscation. Là où le droit de parcours avait été acquis à titre onéreux, une indemnité pourra être réclamée, mais dans ce cas seulement. « La suppression de ce droit, dit la loi, ne donne lieu à indemnité que s'il a été acquis à titre onéreux. Le montant de l'indemnité est réglé par le conseil de préfecture, sauf renvoi aux tribunaux ordinaires, en cas de contestation sur le titre. »

Telles sont les dispositions de la nouvelle législation relativement au parcours. Examinons maintenant ce qu'elle décide à l'égard de la vaine pâture. Nous devons étudier successivement quelles sont les conditions du maintien ou de la suppression de la vaine pâture, sur quels terrains elle peut s'exercer, quels sont les ayants droit, et comment elle peut être réglementée.

I. — Conditions du maintien ou de la suppression de la vaine pâture.

15. — La loi du 9 juillet 1889 a posé en principe la suppression de la vaine pâture : « Est également aboli le droit de vaine pâture *s'il appartient à la généralité des habitants et s'applique en même temps à la généralité du territoire d'une commune ou d'une section de commune* (art. 2). » Ce texte a voulu préciser de quel droit de vaine pâture il s'agit ici, par opposition au droit établi à titre particulier sur un héritage déterminé, qui est régi par l'article 12. Nous aurons plusieurs fois l'occasion, au cours de cette étude, de comparer l'une à l'autre ces deux espèces de droits.

16. — La loi a voulu laisser aux communes qui tiendraient à cet ancien usage, la faculté de le conserver. Aussi, après avoir posé le principe de la suppression : « Toutefois, ajoute l'article 2, dans l'année de la promulgation de la présente loi, le maintien du droit de vaine pâture, fondé sur une ancienne loi ou coutume, sur un usage immémorial ou sur un titre, pourra être réclamé au profit d'une commune ou d'une section de commune, soit par délibération du conseil municipal, soit par requête d'un ou plusieurs ayants droit adressée au préfet.

« En cas de réclamation particulière, le conseil municipal sera mis en demeure de donner son avis dans les six mois, à défaut de quoi il sera passé outre.

« La demande de maintien, qu'elle émane d'un conseil municipal ou qu'elle émane d'un ou plusieurs ayants droit, sera soumise au conseil général, dont la délibération sera définitive, si elle est conforme à la délibération du conseil municipal. S'il y a divergence, la question sera tranchée par décret rendu en Conseil d'État (art. 3, § 1). »

17. — La loi du 22 juin 1890, qui a modifié plusieurs articles de la loi du 3 juillet 1889 et notamment l'article 2, a maintenu le principe de la suppression de la vaine pâture, sauf réclamation dans les formes prévues par l'article 3. Elle a fixé le délai d'un an à partir de la promulgation, et elle a eu ainsi pour effet de proroger d'une année, à compter du 22 juin, le délai précédemment imparti qui devait expirer le 9 juillet 1890. La raison de cette prorogation est que la nouvelle loi a permis le rétablissement de la vaine pâture sur les prairies naturelles que la loi de 1889 avait supprimée; ce rétablissement étant subordonné à une réclamation des conseils municipaux ou des ayants droit, il fallait accorder un délai pour cette réclamation, et il était dès lors naturel de fixer le même à l'égard des prairies naturelles et à l'égard des fonds de toute nature soumis à la vaine pâture. (Rapport de M. Demôle; Sénat, Documents parlementaires, session 1890, n° 42.)

18. — De plus, la loi de 1890, tout en adoptant le principe de l'abolition de la vaine pâture, la supprime non pas *de plano*, par le seul fait de sa promulgation comme le faisait la loi de 1889 ; mais elle ordonne que la cessation en aura lieu de plein droit *un an après la promulgation.* Il est en effet préférable que le droit puisse s'exercer comme par le passé, jusqu'à ce qu'on soit fixé sur le point de savoir s'il ne devra pas être maintenu. C'est le système de la loi du 22 juin 1851 portant abolition de la vaine pâture dans le département de la Corse. (Rapport de M. Demôle, précité.)

L'article 2 de la loi du 9 juillet 1889 est en effet abrogé et remplacé par les dispositions suivantes : « Art. 2. — Le droit de vaine pâture appartenant à la généralité des habitants et s'appliquant en même temps à la généralité du territoire d'une commune ou d'une section de commune, cessera de plein droit un an après la promulgation de la présente loi. Toutefois, dans l'année de cette promulgation, le maintien du droit de vaine pâture.... (Le reste comme au texte précité de la loi de 1889.)

La loi ajoute pour le même motif : « Si la réclamation, de quelque façon qu'elle se soit produite, n'a pas été dans l'année de la promulgation l'objet d'une décision, conformément aux dispositions du paragraphe 1er de l'article 3 de la loi du 9 juillet 1889, la vaine pâture continuera à être exercée jusqu'à ce que cette décision soit intervenue. »

19. — Il résulte de ces dispositions que, pour que le droit de vaine pâture soit maintenu dans une commune ou section de commune, trois conditions sont nécessaires :

1° Il faut que le droit soit fondé sur une ancienne loi ou coutume, sur un usage immémorial ou sur un titre ;

2° Il faut que, dans l'année de la promulgation de la loi du 22 juin 1890, le droit soit réclamé au profit de la commune ou section de commune, soit par délibération du conseil municipal, soit par requête d'un ou plusieurs ayants droit adressée au préfet. Si la demande n'émane pas du conseil municipal, celui-ci est mis en demeure de donner son avis dans les six mois; à défaut de quoi, il est passé outre;

3° Il faut que la demande de maintien soit approuvée par le conseil général, ou, en cas de refus de cette assemblée, par décret en Conseil d'État.

20. — La loi a cherché, par tous les moyens, à favoriser l'abolition de la vaine pâture; aussi elle prévoit que le droit ainsi maintenu dans une commune peut être supprimé par la suite. Toutefois, en vertu de l'article 3, § 2, la faculté d'en proposer la suppression n'appartiendra qu'au conseil municipal seul, et après enquête *de commodo et incommodo*. Il sera statué sur la demande de suppression dans les formes ci-dessus indiquées.

II. — Terrains sur lesquels peut s'exercer la vaine pâture.

21. — La vaine pâture peut s'exercer sur toutes les terres existant dans la commune, sauf les exceptions prévues par la loi. Il sera donc répondu à la présente question en faisant connaître les terrains qui sont affranchis de la vaine pâture. Outre les cultures qui, par elles-mêmes, n'en comportent pas l'exercice, telles que les vignes, les oseraies, les plantations d'arbres, dans lesquelles l'article

479, 10°, du Code pénal interdit l'introduction des bestiaux, des restrictions importantes existent à cet égard. La vaine pâture, en effet, ne s'applique pas, d'une part, aux terrains clos, et, d'autre part, aux prairies[1] et aux terres ensemencées ou cultivées tant que la récolte n'est pas enlevée.

22. — *Terrains clos.* — La loi des 28 septembre-6 octobre 1791 avait déjà posé en principe le droit des propriétaires de clore leurs terrains et de les soustraire ainsi à la vaine pâture : « Le droit de clore et de déclore ses héritages résulte essentiellement de celui de propriété et ne peut être contesté à aucun propriétaire. L'Assemblée nationale abroge toutes lois et coutumes qui peuvent contrarier ce droit (titre Ier, sect. IV, art. 4). Le droit de parcours et le droit simple de vaine pâture ne pourront, en aucun cas, empêcher les propriétaires de clore leurs héritages; et tout le temps qu'un héritage sera clos de la manière qui sera déterminée par l'article suivant, il ne pourra être assujetti ni à l'un ni à l'autre droit ci-dessus (*ibid.*, art. 5). » L'article 6 indiquait les cas où un terrain devait être réputé clos.

Le droit de se clore résulte également de l'article 647 du Code civil; l'article 648 prend soin d'ajouter que « le propriétaire qui veut se clore perd son droit au parcours et vaine pâture en proportion du terrain qu'il y soustrait ».

23. — En vertu de l'article 6 de la loi du 9 juillet 1889,

1. Ainsi que nous le verrons plus loin, la prohibition est absolue à l'égard des prairies artificielles. — En ce qui touche les prairies naturelles, la loi du 9 juillet 1889 avait prononcé la suppression complète de la vaine pâture; mais la loi du 22 juin 1890 permet aux conseils municipaux et aux ayants droit d'en obtenir le rétablissement.

les propriétaires ont deux moyens de soustraire leurs terrains à la vaine pâture; ils peuvent: 1° user d'un nouveau mode d'assolement ou de culture (nous reviendrons plus loin sur cette disposition); 2° clore leurs héritages, droit que leur conféraient déjà et la loi de 1791 et le Code civil. « Tout terrain clos, ajoute l'article, est affranchi de la vaine pâture. »

24. — Aux termes du deuxième paragraphe du même article, est réputé clos tout terrain entouré soit par une haie vive, soit par un mur, une palissade, un treillage, une haie sèche, d'une hauteur d'un mètre au moins, soit par un fossé d'un mètre vingt centimètres à l'ouverture et de cinquante centimètres de profondeur, soit par des traverses en bois ou des fils métalliques distants entre eux de trente-trois centimètres au plus et s'élevant à un mètre de hauteur, soit par toute autre clôture continue et équivalente faisant obstacle à l'introduction des animaux.

25. — Pour qu'un terrain soit affranchi de la vaine pâture, il faut qu'il soit réellement clos suivant les modes de clôture prévus par la loi. Ainsi, il a été jugé qu'un propriétaire ne peut se soustraire à la vaine pâture en laissant la récolte sur pied le long de la circonférence de son champ et en formant de cette façon une lisière autour de celui-ci; cette lisière ne peut être considérée comme une clôture. (Cass. 29 mars 1841, S. 41, 1, 461; D. P., 41, 1, 198.)

26. — Ce n'est que pendant le temps que l'héritage est clos conformément à la loi qu'il cesse d'être assujetti à la vaine pâture; la clôture suspend l'exercice du droit et n'en détermine pas l'affranchissement définitif. C'est ce qu'exprimait la loi des 28 septembre-6 octobre 1791 (tit. Ier, sect. IV, art. 5) en disant : « *Tout le temps qu'un héritage sera clos...* il ne pourra être assujetti... »

27. — Il suffit qu'une propriété, qui même avait été close jusqu'en 1791, ne le soit plus, pour qu'elle se trouve assujettie à l'exercice de ce droit, sans qu'il soit besoin d'un titre particulier. Il en est ainsi alors même que l'état de déclôture proviendrait de l'ouverture de chemins publics. (Cass. 10 novembre 1859, S. 60, 1, 396; D. P., 60, 5, 406.)

28. — Lorsqu'un propriétaire a clos son héritage pour l'affranchir du droit de vaine pâture, l'état de défense de l'héritage peut, d'après les circonstances, être considéré comme ayant cessé par suite du défaut d'entretien et du mauvais état de la clôture. (Jay et Beaume, ouvr. cit., n°s 91, 92.)

29. — La loi de 1889, pas plus que celle de 1791, en parlant de la clôture au moyen d'une haie vive, n'indique quelle doit être la hauteur de cette haie. Il pourrait paraître exorbitant de soutenir qu'une haie vive, si basse qu'elle fût, n'eût-elle, par exemple, que six pouces, constituerait une clôture faisant obstacle à la vaine pâture. Pourtant la loi n'ayant fixé aucune hauteur minima, il y a lieu d'admettre que ce qu'elle veut, c'est que l'intention du propriétaire de clore son héritage soit manifeste et formelle; il y a lieu, surtout, d'examiner quelle est l'espèce d'arbuste qui forme la haie; est-il, par sa nature, destiné à croître de manière à offrir une défense suffisante au terrain, l'intention du propriétaire sera dès lors manifeste; s'il s'agit, au contraire, d'un arbrisseau qui ne croît point, que l'on est souvent obligé de renouveler, la plantation de la haie ne serait plus une preuve de l'intention de clore le terrain. (Jay et Beaume, ouvr. cit., nos 93 et suiv.)

30. — Il avait été admis par la Cour de cassation que la disposition de la loi de 1791 proclamant la liberté des héritages et le droit de les soustraire à la vaine pâture en les faisant clore était générale et absolue, et régit toute la France, sans distinction entre les pays où la vaine pâture s'exerçait par droit de coutume, et ceux, tels que le Dauphiné, où la vaine pâture ne s'exerçait qu'en vertu d'un titre ou de la prescription; que, par suite, *à défaut de titre,* aujourd'hui que les servitudes discontinues ne s'acquièrent plus par prescription, le propriétaire d'un héritage jouissait, aussi bien en Dauphiné qu'en toute autre localité, du droit de le clore et de le soustraire à la vaine pâture, quand bien même elle y aurait été exercée de temps immémorial. (Cass. 8 mai 1828, comm. de Pressins, S. 28, 1, 93; D. P., 28, 1, 239; Cass. 27 avril 1846, Faure, S. 46, 1, 488; D. P., 46, 1, 142; *Annales des justices de paix,* 1re série, t. V, p. 302; Jay et Beaume, ouvr. cit., n° 97; Conf. Cass. 8 août 1882; D. P., 83, 1, 356.)

31. — Il résultait toutefois, implicitement, de cette jurisprudence, que le droit de se clore pour affranchir son fonds de la vaine pâture, reconnu par la loi de 1791 et le

Code civil, appartenait bien à tout propriétaire, mais à la condition que le fonds ne fût pas assujetti à la vaine pâture *en vertu d'un titre*. (Conf. Sirey, *Table*, 1791-1850, v° *Vaine pâture*, n°s 1 et 47.)

Il ne faudrait pas pousser trop loin cette interprétation. Nous avons vu que la loi de 1791 (titre Ier, sect. IV, art. 3) maintenait le droit de vaine pâture dans les lieux où il était fondé *sur un titre particulier*, ou autorisé par la loi ou par un usage local immémorial; puis, immédiatement, par les articles 4 et 5, elle a proclamé le droit de clôture; l'article 5, notamment, porte que « le droit de parcours et le droit simple de vaine pâture ne pourront, *en aucun cas*, empêcher les propriétaires de clore leurs héritages... » Le texte ne distingue nullement entre les communes où la vaine pâture serait maintenue en vertu d'un titre et celles où elle existerait en vertu d'une loi ou d'un usage local; bien plus, l'article 7 ajoute que « la clôture affranchira de même du droit de vaine pâture réciproque ou non réciproque entre particuliers, *si ce droit n'est pas fondé sur un titre...* » Ici la loi distingue, quand il s'agit du droit de vaine pâture *entre particuliers*, s'il est fondé ou non sur un titre. Il en résulte bien que cette distinction ne doit pas être faite quand il s'agit du droit de vaine pâture appartenant à une commune.

32. — Les droits qu'il fallait séparer nettement l'un de l'autre, c'étaient le droit de vaine pâture s'exerçant sur l'ensemble du territoire de la commune et le droit établi en vertu d'un titre sur un héritage particulier. Le premier, quelle qu'en fût l'origine, ne faisait jamais obstacle au droit de se clore. Le second seul, s'il était fondé sur un titre, ne pouvait disparaître par le fait de la clôture. C'est en ce sens que devaient être interprétés les mots « entre particuliers » contenus dans l'article 7, section IV, titre Ier, de la loi de 1791.

33. — La loi du 9 juillet 1889 avait déjà dissipé toute espèce de doute à cet égard. Elle prévoyait en effet : 1° le droit de vaine pâture appartenant à la généralité des habitants *et s'appliquant en même temps à la généralité du territoire d'une commune ou d'une section de commune ;* ce droit est régi par les articles 2 et suivants ; 2° la vaine pâture établie *à titre particulier sur un héritage déterminé,* soumise aux dispositions de l'article 12.

Afin d'être encore plus explicite, la loi du 22 juin 1890 a modifié l'article 12 en substituant à cette expression celle de « vaine pâture fondée sur un titre et établie sur un héritage déterminé, soit au profit d'un ou de plusieurs particuliers, soit au profit de la généralité des habitants d'une commune ».

34. — En ce qui concerne la vaine pâture s'appliquant à la généralité du territoire communal, l'article 6 de la loi de 1889 porte que « le droit de vaine pâture, *établi comme il est dit en l'article 2,* ne fait *jamais* obstacle à la faculté que conserve tout propriétaire, soit d'user d'un nouveau mode d'assolement ou de culture, soit de se clore ». Or, l'article 2 autorise le maintien du droit de vaine pâture fondé sur une ancienne loi ou coutume, sur un usage immémorial ou *sur un titre*. Il faut donc reconnaître que, quelle que soit la base du droit maintenu dans une commune déterminée, il ne saurait faire obstacle à la faculté accordée par l'article 6.

35. — Quant à la vaine pâture prévue à l'article 12, elle s'exerce conformément aux droits acquis. Mais le propriétaire de l'héritage grevé peut toujours l'affranchir, soit moyennant indemnité fixée à dire d'experts, soit par voie de cantonnement. Ici la clôture ne saurait affranchir le fonds de la vaine pâture et prévaloir ainsi contre le titre qui fait la loi des parties.

36. — Les héritages contigus renfermés dans une clôture générale sont, bien qu'appartenant à différents propriétaires, affranchis de la servitude de vaine pâture, non moins que si chacun de ces héritages avait été l'objet d'une clôture particulière. (Cass. 1er mars 1865, Loup, S. 65, 1, 213.)

Sont réputés clos à cet égard les héritages bordés d'un côté par une rivière, de l'autre par un canal d'irrigation, et des deux autres côtés par une ligne de piquets plantés en terre et reliés par des fils de fer avec entrelacement de branchages, broussailles et fascines. (Solution implicite, même arrêt.)

37. — Un arrêt de la Cour de cassation du 28 avril 1873 (comm. de Rotherens, S. 73, 1, 450) a jugé qu'en déclarant maintenir la vaine pâture dans les lieux où elle était fondée sur la loi ou sur un usage local immémorial, l'article 3, section IV, de la loi des 28 septembre-6 octobre 1791 avait implicitement confirmé les règles et usages qui permettaient aux propriétaires des fonds soumis à cette charge de s'en affranchir sans avoir besoin de les mettre en état de clôture; que dès lors la disposition de cette loi faisant de la clôture des fonds assujettis le moyen de s'en affranchir, ne mettait pas obstacle à ce que, conformément à l'usage immémorial, établi dans une contrée (dans l'espèce, une localité dépendant des anciens États sardes), un propriétaire pût se faire exempter de la vaine pâture réciproque par le seul effet de sa renonciation à la réciprocité.

Nous pensons que la même jurisprudence devrait être suivie aujourd'hui sous le régime de la loi nouvelle. L'acte de l'administration prononçant le maintien de la vaine pâture dans une commune déterminée, conformément aux articles 2 et 3 de la loi du 9 juillet 1889, a les mêmes effets que l'acte du législateur de 1791 maintenant ce droit d'une manière générale pour toutes les communes où il était fondé sur un titre particulier, ou autorisé par la loi ou par un usage local immémorial. La vaine pâture, là où elle existe et où elle est conservée, subsiste aux mêmes conditions. L'esprit de la loi de 1889 est entièrement favorable à l'abolition de la vaine pâture; si elle a introduit de nouveaux cas de suppression, elle n'a certainement pas voulu faire disparaître ceux que prévoyaient les anciens usages.

38. — *Prairies et terres cultivées ou ensemencées.* — On conçoit que la vaine pâture ne pourrait s'exercer sur certaines terres sans causer un préjudice très grave à l'agriculture. D'ailleurs, par son essence même, ce droit ne doit s'appliquer qu'à des produits de peu de valeur, ne pouvant guère être utilisés autrement que pour la dépaissance commune des bestiaux. Aussi la loi des 28 septembre-6 octobre 1791 (tit. Ier, sect. IV, art. 9) interdisait l'exercice de la vaine pâture sur les prairies artificielles et ne l'autorisait sur aucune terre ensemencée ou couverte de quelque production que ce soit, qu'après la récolte. L'article 10 ajoutait que « partout où les prairies naturelles sont assujetties au parcours ou à la vaine pâture, ils n'auront lieu provisoirement que dans le temps autorisé par les lois et coutumes, et jamais tant que la première herbe ne sera pas récoltée ».

On voit que ce texte établissait une distinction entre les prairies artificielles, telles que les luzernes, sainfoins, trèfles, etc., et les prairies naturelles, c'est-à-dire les gazons et herbages poussant naturellement. La vaine pâture était absolument et formellement prohibée sur les prairies artificielles, mais elle était permise sur les prairies naturelles, après la coupe de la première herbe, sauf la réglementation pouvant résulter des lois ou coutumes.

39. — Ces dispositions étaient-elles suffisantes ? Il est vrai que la jurisprudence tirait du droit appartenant au conseil municipal de délibérer sur la vaine pâture (L. 18 juillet 1837, art. 19, 8°), le pouvoir d'ordonner, sauf approbation préfectorale, le cantonnement de certaines espèces d'animaux sur des parties déterminées du territoire, de réserver, par exemple, les prairies naturelles au parcours *du gros bétail* après la première récolte. (Cass. 17 mai 1866, S. 67, 1, 90 ; Cass. 7 novembre 1885, S. 86, 1, 92.)

40. — Les moutons, en effet, rasent l'herbe de beaucoup plus près que les autres bestiaux ; aussi il est d'usage assez souvent de les cantonner sur certaines terres de vaine pâture. Les dispositions de cette nature ont d'autant plus de force qu'elles ne font que renouveler celles de plusieurs arrêts de règlement du Parlement de Paris, alors compétent pour disposer en pareille matière. On a reconnu, en conséquence, la légalité de la prohibition de faire paître les moutons dans les prairies de la commune. (Trib. simp. pol. Nogent-sur-Seine 19 octobre 1887, Loi 21 octobre 1887.)

41. — De même, il avait été jugé que le conseil municipal d'une commune dépendant de l'ancien ressort du Parlement de Rouen avait pu, en se fondant sur une disposition de la coutume de Normandie (art. 84) et sur la jurisprudence de ce parlement, exclure les moutons de la vaine pâture sur les prairies naturelles, et que la contravention à un tel arrêté ne pouvait être excusée sous prétexte que le contrevenant était le fermier du pré sur lequel les moutons avaient été introduits. (Cass. 18 mars 1836, Payssan, S. 36, 1, 585.)

42. — Le propriétaire d'un *pré situé en prairie,* dans l'ancienne Bourgogne, en pays de droit écrit, était fondé à s'opposer à ce que la vaine pâture y fût exercée, lorsque les titres anciens et la configuration des lieux, notamment les traces d'une très ancienne clôture, établissaient que ce pré avait toujours porté regain ou *revivre,* c'est-à-dire que le propriétaire avait toujours été en possession du droit de récolter la seconde herbe. (Dijon 21 mars 1873, comm. de Bantanges, S. 74, 2, 241 ; Jay et Beaume, *Traité de la vaine pâture,* n° 87.)

43. — La section des travaux publics, de l'agriculture

et du commerce du Conseil d'État avait reconnu que les prairies d'un syndicat pouvaient être affranchies de la vaine pâture jusqu'à la coupe de la seconde herbe, lorsque cette seconde récolte n'était due qu'aux travaux d'irrigation et aux dépenses que le syndicat s'imposait. (Avis du 9 août 1864, syndicat de la Basse-Veyle. — *En ce sens,* Cass. 16 avril 1875, D. P., 76, 1, 459; *contrà,* Décis. minist. intér., *Bull. off.* 1862, p. 81.)

44. — Mais, indépendamment de ces exceptions particulières, la jurisprudence n'admettait pas que le conseil municipal pût interdire d'une manière générale que la vaine pâture eût lieu dans les prairies tant que la dernière récolte n'aurait pas été faite. (Cass. 17 août 1883, S. 86, 1, 84; Béquet et Dupré, *Répert. de dr. admin.*, v° *Commune,* n° 2437 *et note.*)

45. — Le droit des municipalités ne pouvait non plus aller, en l'absence d'anciens titres, jusqu'à interdire absolument la vaine pâture sur certaines portions du territoire; ainsi, il avait été admis que les maires ne pouvaient, soit de leur seule autorité, soit en vertu d'un vote du conseil municipal, interdire la vaine pâture dans les prairies où elle s'exerçait en vertu d'un ancien usage maintenu par la loi des 28 septembre-6 octobre 1791. (Déc. min. intér., *Bull. off.* 1868, p. 450.)

46. — L'exercice de la vaine pâture ne pouvait pas davantage être subordonné à l'autorisation par écrit du propriétaire. (Cass. 5 février 1859, S. 59, 1, 437.)

47. — Il n'existait donc que des moyens assez restreints de protéger les prairies contre les dégradations que la vaine pâture leur faisait subir. La loi du 9 juillet 1889 a voulu remédier à l'insuffisance de la législation en cette matière.

Cette loi dans son article 5 portait en effet que, dans aucun cas et dans aucun temps, la vaine pâture ne pourrait s'exercer sur les prairies naturelles ou artificielles. Ainsi ce texte affranchissait de la servitude de la vaine pâture, non plus seulement les prairies artificielles, mais aussi les prairies naturelles. « C'était là, disait-on, une conséquence nécessaire des progrès de l'agriculture. La prairie naturelle, en effet, avec les amendements, les fumures, les drainages, les irrigations, les défoncements qui en accroissent et en maintiennent la fécondité, porte, autant que toute autre terre cultivée, l'empreinte du travail de l'homme. Les résultats de ce travail seraient déplorablement compromis si, après la première, même après la seconde récolte, les prairies étaient livrées sans précaution à la morsure et au piétinement des bestiaux. On a dit fort justement que la prairie, telle qu'elle est aujourd'hui cultivée, est en état de production permanente, ne laissant, par conséquent, aucune vacance pour la vaine pâture. » (Rapport de M. Boreau-Lajanadie.)

48. — On ne peut méconnaître que la suppression de la vaine pâture sur les prairies naturelles s'appuyait sur des raisons sérieuses. Elle n'en a pas moins soulevé des réclamations qui ont motivé une nouvelle modification législative en sens inverse de celle que la loi du 9 juillet 1889 avait réalisée. Cette modification a son origine dans une proposition de loi déposée à la Chambre des députés par M. Bourgeois (Jura) et plusieurs de ses collègues (*Documents parlementaires*, annexe au procès-verbal de la séance du 21 novembre 1889, n° 67). La mesure édictée par la loi du 9 juillet 1889 était considérée par la population de certaines régions comme devant porter une grave atteinte à l'agriculture et à l'élevage dans les petites communes. Il ne faut pas se dissimuler que les prairies naturelles fournissaient, dans beaucoup de communes, le principal élément à la vaine pâture, qui se trouvait ainsi dans ces localités à peu près supprimée, ce qui, d'après les auteurs de la proposition, « aurait sûrement ce résultat funeste, au point de vue de l'intérêt général, de restreindre encore les ressources des agriculteurs peu fortunés en leur rendant désormais impossible la conservation de leur bétail ». D'après la proposition de loi, les conseils municipaux pouvaient décider, sauf approbation du conseil général, que la vaine pâture serait maintenue sur les prairies naturelles pour les animaux appartenant aux habitants de la commune. D'accord avec la commission et avec l'auteur de la proposition, la Chambre a voté purement et simplement (séance du 27 février 1890) la suppression des mots « prairies naturelles » dans l'article 5, ce qui constituait le retour à la loi de 1791, la vaine pâture n'étant plus désormais interdite que sur les prairies artificielles.

49. — Mais le texte définitif s'accrut d'une disposition additionnelle présentée par M. Émile Labiche et adoptée par le Sénat en deuxième délibération (séance du 22 mai 1890), « le rétablissement de la vaine pâture sur les prairies naturelles, supprimée de plein droit par la loi du

9 juillet 1889, pourra être réclamé dans les conditions où elle s'exerçait antérieurement à cette loi, et en se conformant aux dispositions édictées par les articles précédents », c'est-à-dire en suivant les règles prévues pour le maintien de la vaine pâture dans les articles 2 et 3 de la loi. Les mots « dans les conditions où elle s'exerçait antérieurement à cette loi », ont pour but d'indiquer clairement que la vaine pâture sur les prairies naturelles, dans les communes qui en obtiendront le rétablissement, ne pourra avoir lieu que là où elle s'exerçait précédemment. (Voy. *Débats parlementaires*, Sénat, 1890, p. 485 et 486.)

50. — L'article 5 maintient la prohibition de la vaine pâture sur toute terre ensemencée ou couverte d'une production quelconque faisant l'objet d'une récolte, tant que la récolte n'est pas enlevée.

On doit considérer comme un état de culture, susceptible d'empêcher, aux termes de la loi, l'exercice de la vaine pâture, celui qui résulte d'un travail purement rudimentaire, destiné à commencer le défrichement de terres restées jusque-là incultes, par un système d'améliorations lentes et progressives, du moment qu'en ce premier état les terres dont il s'agit produisent une herbe qui peut être utilisée au moins comme pâture grasse. (Aix 9 mars 1854, S. 55, 2, 765.)

51. — Les usages locaux ne peuvent prévaloir contre les prohibitions prononcées par la loi. Ainsi, il a été jugé que l'usage local qui autoriserait la vaine pâture sur les prairies artificielles serait sans vertu aucune ; en conséquence, l'existence d'un tel usage ne saurait motiver le relaxe de l'individu poursuivi pour cette contravention. (Cass. 26 avril 1873, Fafet, S. 74, 1, 45.)

Il faudrait décider de même aujourd'hui à l'égard des usages autorisant la vaine pâture sur les prairies naturelles dans les communes où le conseil municipal n'en aurait pas demandé ou obtenu le rétablissement : ils sont complètement abolis par les dispositions combinées des lois du 9 juillet 1889 et du 22 juin 1890.

52. — Lorsque le conseil municipal a pris fait et cause pour ceux des habitants de la commune qui, en cette qualité, ont exercé la vaine pâture sur un héritage, si le fait de ceux-ci est une contravention et s'il en est résulté un dommage, c'est à la commune qu'en incombe la responsabilité civile. (Dijon 28 mars 1873, comm. de Bantanges, S. 74, 2, 241.)

53. — *Autres cas où les terrains sont affranchis de la vaine pâture.* — En traitant du droit de se clore, nous avons déjà signalé la disposition de la loi du 9 juillet 1889 (art. 6) portant que le droit de vaine pâture ne fait jamais obstacle à la faculté que conserve tout propriétaire d'user d'un nouveau mode d'assolement ou de culture, c'est-à-dire de supprimer les jachères, d'adopter le système des cultures continues ou alternantes, ou bien de transformer ses champs en prairies et de soustraire ainsi complètement ses terres à l'exercice de la vaine pâture, conformément aux articles 4 et 5 de la même loi. On peut remarquer que le texte n'a fait ici que confirmer la jurisprudence antérieure résultant notamment d'un arrêt de la Cour de cassation du 24 mai 1842 (*Annales des Justices* *de paix,* 1re série, t. V, p. 299 ; Jay et Beaume, ouvr. cit., n° 100). Cet arrêt était relatif au droit de parcours, mais l'assimilation qu'il établissait entre la transformation en prairies artificielles et la clôture devait évidemment être étendue à la vaine pâture.

54. — Il y a lieu d'étudier d'autres moyens qui peuvent être à la disposition des exploitants des fonds grevés de vaine pâture pour les affranchir de l'exercice de ce droit et qui s'appliquent précisément à des cas où, d'après ce que nous avons dit plus haut, il existe des titres s'opposant à ce que le propriétaire use du droit de clôture. Nous voulons parler du rachat et du cantonnement. On appelle *cantonnement* la distraction d'une portion soumise à la vaine pâture, laquelle est cédée en toute propriété aux usagers pour leur tenir lieu des droits d'usage qu'ils exerçaient auparavant sur le tout.

55. — L'article 8, section IV, titre Ier, de la loi de 1791, était ainsi conçu : « *Entre particuliers,* tout droit de vaine pâture fondé sur un titre, même dans les bois, sera rachetable à dire d'experts, suivant l'avantage que pourrait en retirer celui qui avait ce droit s'il n'était pas réciproque, ou eu égard au désavantage qu'un des propriétaires aurait à perdre la réciprocité, si elle existait, le tout sans préjudice du droit de cantonnement, tant pour les particuliers que pour les communautés, confirmé par l'article 8 du décret des 16-17 septembre 1790. » Ce décret portait qu' « il n'est nullement préjudicié par l'abolition du triage, aux actions en cantonnement de la part des propriétaires contre les usagers de bois, prés, marais et terrains vains ou vagues... »

56. — Il avait été jugé, sous l'empire de cette législation, que la faculté accordée par l'article précité de la loi de 1791, en faveur de tout propriétaire, de racheter les droits de vaine pâture fondés sur des titres, ne devait s'entendre qu'au cas où ces droits appartenaient à des particuliers; lorsqu'ils étaient établis au profit d'une commune, le seul moyen de s'en affranchir était le cantonnement. (Cass. 27 janvier 1829, comm. de Villars, S. 29, 1, 107; D. P., 29, 1, 119.)

57. — Mais l'article 12 de la loi du 9 juillet 1889, qui « corrige sur ce point ce qu'il pouvait y avoir d'obscur et d'incomplet dans l'article 8 de la loi de 1791 » (Rapport de M. Boreau-Lajanadie), conduit à une interprétation différente. L'ancien texte ne parlait que du rachat du droit de vaine pâture *entre particuliers;* la jurisprudence prenait cette expression à la lettre et en concluait que le rachat ne pouvait avoir lieu lorsque la vaine pâture appartenait à une commune. Aux termes de l'article 12 de la loi de 1889, « la vaine pâture établie *à titre particulier sur un héritage déterminé* s'exerce conformément aux droits acquis. Mais le propriétaire de l'héritage grevé peut toujours l'affranchir, soit moyennant indemnité fixée à dire d'experts, soit par voie de cantonnement. » Les mots « à titre particulier sur un héritage déterminé » faisaient opposition à l'article 2, traitant du droit de vaine pâture « s'il appartient à la généralité des habitants et s'applique en même temps à la généralité du territoire d'une commune ou d'une section de commune ». Estimant toutefois que le sens de l'article 12 n'était pas suffisamment clair, M. de Soland avait proposé, à la Chambre des députés, un amendement ayant pour but de lui donner plus de précision et tendant à le remplacer par la rédaction suivante : « Néanmoins la vaine pâture fondée sur un titre et établie sur un héritage déterminé, soit au profit d'un ou de plusieurs particuliers, soit au profit de la généralité des habitants d'une commune, est maintenue et continuera à s'exercer conformément aux droits acquis. Mais le propriétaire de l'héritage grevé pourra toujours l'affranchir, soit moyennant une indemnité fixée à dire d'experts, soit par voie de cantonnement. » Le rapporteur ayant déclaré que cette modification était inutile, la rédaction actuelle ne pouvant laisser prise à aucune équivoque, l'amendement fut retiré (séance du 27 février 1890). Mais il fut repris par la commission du Sénat et passa dans le texte définitif de la loi.

58. — Nous avons déjà eu occasion de comparer l'un à l'autre ces deux textes, l'article 2 et l'article 12, en traitant du droit de clôture; l'article 12 se réfère au cas où la vaine pâture est établie sur un héritage déterminé, que ce soit au profit d'une commune ou d'un particulier; il fait disparaître les mots « entre particuliers » renfermés dans l'article 8 de la loi de 1791, et par conséquent l'interprétation étroite qu'ils avaient reçue de la jurisprudence. Aujourd'hui le rachat peut être exercé à l'encontre d'une commune pour tout droit de vaine pâture établi sur un héritage déterminé et fondé sur un titre.

59. — Mais il y a lieu de décider, comme sous l'ancienne législation, que le rachat du droit de vaine pâture dont un fonds était grevé en vertu de titres, n'a pas pour effet d'affranchir ce fonds du droit de vaine pâture coutumière auquel il se trouve également soumis; le propriétaire ne peut se soustraire à l'exercice de ce dernier droit que par la clôture de son héritage. (Metz 26 juin 1861, comm. de Bistroff, S. 62, 2, 288.)

60. — Les ayants droit à la vaine pâture peuvent-ils demander le cantonnement ou contraindre le propriétaire du fonds sur lequel elle est exercée à en opérer le rachat?

Sur les propriétés autres que les bois, le droit de demander le cantonnement n'est pas réciproque; le législateur, dans l'article précité de la loi de 1791, a eu uniquement pour but d'introduire en faveur des propriétaires dont les fonds se trouvaient assujettis à la vaine pâture, par titre, la faculté de rachat; quant aux mots « le tout sans préjudice du cantonnement », on doit les entendre dans ce sens qu'ils ont eu pour objet de prévenir toute confusion entre le droit de cantonnement établi par le décret de 1790 et le droit de rachat nouvellement accordé, en avertissant que tous deux pouvaient être exercés et que l'un n'était pas l'abrogation de l'autre; accorder l'action de cantonnement à celui qui n'a qu'un simple droit de vaine pâture serait une interprétation exorbitante du droit commun; car ce serait convertir en une portion de la propriété assujettie des droits presque nuls, et ne rien donner en échange au propriétaire obligé de subir cette conversion. (Riom 9 août 1838, Dumiral, S. 39, 2, 354.)

En ce qui concerne la faculté du rachat, elle n'a été introduite qu'en faveur du propriétaire qui veut s'affranchir de la servitude ; celui-ci ne peut donc être contraint de l'opérer. (*Ibid.*)

La législation nouvelle laisse à cette jurisprudence tout son intérêt.

61. — Les communes ont parfois cherché à restreindre l'exercice de la vaine pâture sur les terres qui leur appartiennent, en enlevant ce droit à la généralité des habitants pour ne l'accorder qu'à quelques-uns. La jurisprudence s'est toujours montrée contraire à ces procédés, qui sont en désaccord avec les dispositions législatives et les usages établissant ce droit au profit de tous les membres de la communauté.

Ainsi, il a été jugé que les communes n'ont pas le droit d'aliéner ou d'affermer, en faveur d'un particulier, le droit de vaine pâture sur les fonds et chemins communaux, même pour la portion qui excéderait les besoins des habitants (Paris 9 août 1860, Dramard, S. 60, 2, 555.)

L'amodiation, consentie par délibération du conseil municipal au profit d'un particulier, de friches communales soumises depuis un temps immémorial au droit de vaine pâture, ne saurait avoir pour effet de priver les habitants de la commune du droit dont ils sont en possession d'envoyer leurs bestiaux sur ces mêmes friches ; ce n'est là qu'un acte de gestion des biens communaux qui ne peut porter atteinte à des droits préexistants. L'article 471, 15°, du Code pénal n'est donc nullement applicable aux habitants qui ont fait paître leurs bestiaux sur ces friches, à une époque d'ailleurs où le vain pâturage était autorisé. (Cass. 25 mars 1859, Egely, S. 59, 1, 778 ; Cass. 28 juin 1861 ; *Annales des Justices de paix*, vol. 1862, p. 21 ;

Conf. Justice de paix du canton de Montigny-sur-Aube, 4 avril 1860; *Bull. des décis. des juges de paix*, t. II, p. 301; Jay et Beaume, ouvr. cit., n° 98.)

Il en résulte que les moyens de soustraire les friches communales à la vaine pâture ne sont autres que ceux applicables à toutes les terres qui y sont soumises.

62. — Toutefois, la vaine pâture sur les biens purement communaux peut être défendue à ceux qui n'habitent pas la commune, alors même qu'ils y exploiteraient des terres; ceux-ci ont bien le droit de vaine pâture, à titre de propriétaires ou fermiers, sur les territoires soumis et à titre de réciprocité; mais il n'en est pas de même des biens communaux qui peuvent être exclusivement réservés aux habitants. (Cass. 21 février 1863, *Ann. des Just. de paix*, 1863, cahier de juin, p. 199; Jay et Beaume, ouvr. cit., n° 123.)

III. — Ayants droit.

63. — Le droit d'envoyer des bestiaux en vaine pâture sur le territoire de la commune appartient aux propriétaires et fermiers de cette commune. C'est une règle que la loi n'a pas posée expressément; mais elle résulte des principes généraux relatifs à la jouissance des biens communaux et de la nature même du droit de vaine pâture. Ce droit constitue, en effet, une servitude réciproque, et celui-là doit être admis à en jouir qui apporte son contingent à la communauté. On pouvait, en outre, déduire déjà implicitement cette règle: 1° de la loi des 28 septembre-6 octobre 1791 (titre Ier, section IV, art. 12) portant que « dans les pays de parcours ou de vaine pâture soumis à l'usage du troupeau en commun, *tout propriétaire ou fermier* pourra renoncer à cette communauté... » 2° De la même loi (*ibid.*, art. 15) permettant aux « *propriétaires ou fermiers* exploitant des terres sur les paroisses sujettes au parcours ou à la vaine pâture et *dans lesquelles ils ne seraient pas domiciliés* », de « mettre dans le troupeau commun ou de faire garder par troupeau séparé une quantité de têtes de bétail proportionnée à l'étendue de leur exploitation... » C'est donc que le droit appartenait par lui-même, et sans qu'il fût besoin d'une disposition spéciale, aux propriétaires ou fermiers domiciliés.

64. — La loi du 9 juillet 1889 est plus explicite encore lorsqu'elle règle, par son article 8, de quelle manière est fixée la quantité de bétail proportionnée à l'étendue du terrain de chacun, dans chaque commune ou section de commune, entre *tous les propriétaires ou fermiers exploitants, domiciliés ou non domiciliés;* et lorsque, par l'article suivant, reproduisant le principe de l'article 14 de la loi de 1791, elle vient accorder certains droits à tout chef de famille domicilié dans la commune, *alors même qu'il n'est ni propriétaire, ni fermier d'une parcelle quelconque de terrains soumis à la vaine pâture.*

65. — Il résulte également des termes de l'article 8 qu'il n'est pas nécessaire, pour participer à la vaine pâture, d'être domicilié dans la commune; il suffit d'y être propriétaire ou fermier exploitant : le texte met en effet sur la même ligne les domiciliés et les non-domiciliés. On peut remarquer que la même règle résultait des articles 13 et 15 combinés de la loi de 1791. Pas plus que celle-ci, la loi de 1889 ne distingue entre les bestiaux qui appartiennent à une exploitation située dans la commune même et ceux qui seraient attachés à une ferme ou à une métairie placée au dehors. Le propriétaire ou fermier puise son droit dans cette seule circonstance qu'il cultive des terres dans la commune sur le territoire de laquelle il prétend l'exercer. Le droit de vaine pâture doit donc être reconnu au propriétaire ou fermier non domicilié dans la commune, à raison des terres qu'il y cultive, et alors même que les bestiaux qu'il y envoie au pâturage appartiennent à une exploitation dépendant d'une autre commune. (Cass. 13 avril 1855; *Annales des Justices de paix,* vol. 1856, p. 255; Jay et Beaume, ouvr. cit., n° 118.)

66. — Au cas où d'anciens usages réserveraient le droit de vaine pâture aux propriétaires habitant la commune, ces anciens usages devraient-ils encore être observés et pourraient-ils, en conséquence, motiver l'exclusion des propriétaires forains, nonobstant les dispositions de la loi? Le ministre de l'intérieur consulté a répondu négativement; un ancien usage ne peut être opposé à une disposition législative formelle. (Lettre au préfet de la Seine-Inférieure, 4 janvier 1813.)

67. — Il ne faudrait pas davantage tenir compte de l'usage, même immémorial, qui fixerait la vaine pâture pour les exploitants forains à une époque plus tardive que pour les domiciliés. L'article 15 de la loi de 1791 accorde, en effet, aux premiers *le même droit* qu'aux seconds, et la loi de 1889 (art. 8), loin de déroger à ce principe, met sur la même ligne tous les exploitants, domiciliés ou non. (*En ce sens*, Jay et Beaume, ouvr. cit., n° 129; Béquet et Dupré, *Répert. de Droit admin.*, v° *Commune;* n° 2421.)

68. — En vertu de l'article 648 du Code civil, le propriétaire qui veut se clore perd son droit à la vaine pâture en proportion du terrain qu'il y soustrait. Il nous paraît équitable de décider de même, par analogie, à l'égard du propriétaire usant du droit que l'article 6 de la loi nouvelle met à côté du droit de se clore, à savoir le droit d'user d'un nouveau mode d'assolement ou de culture.

69. — Il faut en déduire cette conséquence que, si l'exploitation d'un propriétaire ou fermier dans une commune soumise à la vaine pâture se composait exclusivement de terrains affranchis de ce droit, il ne pourrait envoyer ses bestiaux au pâturage que sur ces terrains et n'aurait aucun droit sur ceux de la communauté ; sans préjudice pourtant de l'application de l'article 9, qui fournit lui-même un argument en faveur du principe que nous venons de poser, en limitant le droit de ceux qui ne sont ni propriétaires, ni fermiers d'une parcelle quelconque de terrains soumis à la vaine pâture.

70. — Aux termes de cet article 9, en effet: « Tout chef de famille domicilié dans la commune, alors même qu'il n'est ni propriétaire, ni fermier d'une parcelle quelconque de terrains soumis à la vaine pâture, peut mettre sur lesdits terrains, soit par troupeau séparé, soit dans le troupeau commun, six bêtes à laine et une vache avec son veau, sans préjudice des droits plus étendus qui lui seraient accordés par l'usage local ou le titre. »

Il résulte de ce texte que la faveur qu'il accorde est applicable seulement aux chefs de famille *domiciliés* dans la commune. Ceux qui sont propriétaires ou fermiers sur le territoire de la commune, mais qui n'y sont pas domiciliés, ne peuvent envoyer aucun bétail sur les terres de la communauté, du moment que les terrains qu'ils cultivent ne comprennent aucune parcelle sujette à la vaine pâture.

71. — L'étranger non autorisé à établir son domicile en France peut-il, s'il exploite des terres dans une commune, envoyer ses bestiaux en vaine pâture ? Le droit à la jouissance des pâturages communaux a été reconnu aux étrangers non admis à domicile par un arrêt de la Cour de cassation du 21 juin 1861.

Il faudrait évidemment décider de même à l'égard de la vaine pâture; mais la doctrine résultant de cet arrêt a été très controversée. Des dispositions particulières sont venues enlever aux étrangers non légalement domiciliés le droit à la jouissance de certains biens communaux. Ainsi, les lois du 25 juin 1874 et du 23 novembre 1883, modifiant l'article 105 du Code forestier, ont décidé que l'étranger ne peut être admis au partage des bois d'affouage qu'après avoir été autorisé, conformément à l'article 13 du Code civil, à établir son domicile en France; le décret du 28 janvier 1890 a également imposé aux étrangers cette condition pour pouvoir participer à la récolte des goëmons de rive. Nous croyons que, là où il n'y a pas de textes spéciaux, les étrangers doivent être admis à la jouissance des biens et droits communaux aux mêmes conditions que les Français et sans avoir besoin de l'autorisation de domicile.

72. — Celui qui exerce sans droit la vaine pâture encourt la peine de 11 à 15 fr. d'amende prononcée, par l'article 479, 10°, du Code pénal, contre ceux qui mènent des bestiaux sur le terrain d'autrui. Il en doit être ainsi, d'après ce que nous avons dit précédemment, à l'égard de tous ceux qui ne sont ni propriétaires, ni fermiers d'aucune parcelle de terrains soumis à la vaine pâture, sauf application de l'article 9 de la loi de 1889 pour les domiciliés. Il a été jugé, par exemple, que la servitude de vaine pâture ne peut être invoquée par un individu se disant pâtre commun, mais étant réellement marchand de moutons ou courtier et ne possédant aucune terre dans la commune qu'il habite, alors même que cette servitude existerait de temps immémorial. (Trib. simple police du canton de Longjumeau, 29 septembre 1858; *Bull. des décis. des juges de paix*, t. Ier, 1859, p. 55.) Dans cette espèce, il avait été constaté que le prévenu n'exploitait aucun terrain dans la localité, qu'il n'agissait pas comme pâtre commun de propriétaires ou fermiers auxquels la vaine pâture devait profiter; qu'au contraire, les bestiaux dont il s'agit étaient de sa part l'objet d'un commerce qu'il exerçait pour son compte personnel ou comme courtier; il était donc rationnel de lui dénier le droit dont il entendait se prévaloir.

73. — Les habitants d'une commune ont-ils qualité

pour réclamer en justice individuellement, sur une propriété particulière, un droit de vaine pâture qu'ils prétendent appartenir à la commune? Ou bien ce droit ne peut-il être revendiqué que par la commune elle-même représentée par son maire?

La question a été résolue différemment par la jurisprudence. (Voy., dans le premier sens, Grenoble 3 février 1838, S. 38, 2, 497; D. P., 39, 2, 324; dans le second, Toulouse 10 janvier 1826, S. 28, 2, 148; D. P., 26, 2, 164; Grenoble 8 juin 1838, S 38, 2, 497; D. P., 39, 2, 324. — Voy. également, sur cette question, Merlin, *Répertoire,* t. XIV, p. 459 et suiv.)

Nous croyons que le droit de vaine pâture qui appartiendrait à la commune ne peut être revendiqué que par la commune seule, car cette revendication constitue l'exercice d'une action communale; mais, si la commune refuse ou néglige de l'exercer, tout contribuable peut agir à sa place, conformément à l'article 123 de la loi du 5 avril 1884.

74. — En tout cas, un habitant d'une commune, actionné en justice à raison d'un droit de vaine pâture par lui exercé individuellement, est fondé, pour repousser l'action, à se prévaloir du droit de la commune établi par titre non contesté. Vainement on dirait que le maire a seul qualité pour agir au nom de la commune. (Angers 20 juillet 1827, S. 28, 2, 149; D. P., 29, 2, 92.)

IV. — Mode d'exercice de la vaine pâture.

75. — L'exercice du droit de vaine pâture est soumis à diverses sortes de règles. Mettons d'abord à part celles résultant de la loi elle-même, qui consistent dans les restrictions qu'elle a apportées à la vaine pâture et que nous avons déjà étudiées pour la plupart. Ainsi, on ne pourra envoyer les bestiaux sur les terrains affranchis de la vaine pâture, c'est-à-dire sur les terrains clos, sur les prairies artificielles, et même dans certaines communes sur les prairies naturelles, sur les terres ensemencées ou cultivées, tant que la récolte n'est pas enlevée.

76. — Ajoutons que, non seulement les bestiaux ne doivent pas être envoyés sur les terres avant l'enlèvement de la récolte, mais encore qu'il faut attendre, après cet enlèvement, un délai de deux jours (L. 1791, tit. II, art. 22), ce qui doit s'entendre de deux jours francs. Ce délai ne peut être supputé par heures; il ne suffirait donc pas qu'il se fût écoulé quarante-huit heures depuis l'enlèvement de la récolte. (Cass. 2 janvier 1857, Malézieux, S. 57, 1, 316.)

77. — L'exercice de la vaine pâture sur un terrain où il est interdit tombe sous le coup de l'article 479, 10°, du Code pénal, qui prévoit la dépaissance des bestiaux sur le terrain d'autrui. Aux termes de cet article, « sont punis d'une amende de onze à quinze francs inclusivement :.... 10° ceux qui *mèneront* sur le terrain d'autrui des bestiaux de quelque nature qu'ils soient, et notamment dans les prairies artificielles, dans les vignes, oseraies, dans les plants de câpriers, dans ceux d'oliviers, de mûriers, de grenadiers, d'orangers et d'arbres du même genre, dans tous les plants ou pépinières d'arbres fruitiers ou autres, faits de main d'homme. »

En cas de récidive, la peine d'emprisonnement pendant cinq jours au plus a toujours lieu (art. 482). Il y a récidive, lorsqu'il a été rendu contre le contrevenant, dans les douze mois précédents, un premier jugement pour contravention de police commise dans le ressort du même tribunal (art. 483).

78. — Mais cette infraction n'est-elle pas susceptible d'entraîner une peine plus grave? L'article 26 du titre II de la loi des 28 septembre-6 octobre 1791 porte que « quiconque sera trouvé *gardant à vue* des bestiaux dans les récoltes d'autrui sera condamné, en outre du paiement du dommage, *à une amende égale à la somme du dédommagement* et pourra l'être, suivant les circonstances, *à une détention qui n'excédera pas une année.* »

On voit que la peine prévue à cet article est beaucoup plus grave que celle édictée par le Code pénal et comporte le renvoi en police correctionnelle. On a soutenu que ce Code avait virtuellement abrogé la disposition de la loi de 1791. (Vuatiné, *Code annoté des tribunaux de police,* p. 219.) Mais la Cour de cassation maintient l'applicabilité de l'article 26 de la loi de 1791. (*Voy.* Jay et Beaume, ouvr. cit., nos 190 et 191, ainsi que les arrêts auxquels il est renvoyé par ces auteurs. Conf. Cass. 17 novembre 1865 [deux arrêts]; D. P., 1872, 5, 136.)

79. — Toutefois, la peine portée par l'article 26 ne peut être prononcée qu'au cas où tous les éléments du délit qu'il prévoit se trouvent réunis; il faut qu'il y ait eu *garde à vue* des bestiaux, c'est-à-dire présence du gardien ou conducteur, circonstance qui n'est point exigée par l'article 479, 10°, et qui, quand elle existe, révèle d'une manière plus certaine et plus complète la pensée coupable du délinquant; en outre, il faut que le terrain soit chargé de *récoltes,* tandis que l'article 479 comprend même les terrains sur lesquels il ne s'en trouve pas. Par récoltes, on ne doit entendre que les fruits de la terre préparée par le travail de l'homme; d'où il suit que l'article 26 est inapplicable à la conduite des bestiaux sur les terrains dont les produits spontanés ne peuvent servir qu'au pâturage des animaux et sont consommés sur place; ce fait ne constitue qu'une contravention prévue et punie par l'article 479, 10°, du Code pénal. (Cass. 9 mai 1840, D. P., 1840, 1, 419.) La Cour de cassation applique l'article 26 au pacage des bestiaux dans les prairies naturelles ou artificielles appartenant à autrui. Les foins doivent être, en effet, considérés comme des récoltes (Cass., 16 février 1850; *Annales des Just. de paix,* 1851, p. 130; Jay et Beaume, *loc. cit.*)

Mais le fait de garder une vache *en la tenant par la corde* (à vue par conséquent), sur un *terrain herbé* appartenant à autrui, rentre dans les termes de l'article 479, 10°, du Code pénal et ne constitue pas le délit de garde à vue, prévu et réprimé par l'article 26 du titre II de la loi de 1791. (Cass. 22 mars 1858, D. P., 58, 5, 125; *Annales des Just. de paix,* 1858, p. 304.)

80. — L'application de l'article 26 de la loi de 1791, ainsi renfermée dans de justes limites, nous paraît justifiée. Il serait difficile de prétendre que ce texte aurait été abrogé par l'article 479, 10°, du Code pénal; car déjà, dans le titre II de la loi de 1791 se trouvaient deux dispositions distinctes: l'article 24, qui prévoyait le fait de *mener* des bestiaux sur le terrain d'autrui, dans les prairies artificielles, vignes, oseraies, etc., aujourd'hui réprimé par l'article 479, 10°; et l'article 26 qui, comme nous venons de le voir, est relatif à la *garde à vue* sur des terrains chargés de *récoltes*. La peine portée à l'article 24 est aujourd'hui remplacée par celle de l'article 479; quant à l'article 26, il n'a pas été touché par le Code pénal et reste par conséquent en vigueur.

81. — Il en est de même de l'article 22, titre II, de la loi de 1791, qui prévoit l'introduction des troupeaux dans les champs moins de deux jours après la récolte, et qui doit être combiné avec la loi du 23 thermidor an IV, sur les délits ruraux, prononçant une peine minima de trois journées de travail ou de trois jours d'emprisonnement. Cette dernière loi est encore en vigueur. (Cass. 21 novembre 1828, S. 29, 1, 109.)

82. — Si, au lieu de *mener* les bestiaux sur le terrain d'autrui, on les y a simplement fait ou laissé passer, alors que ce terrain est *ensemencé* ou *chargé d'une récolte,* la peine consiste en une amende de 6 fr. à 10 fr. inclusivement (Code pén., art. 475, 10°), et en un emprisonnement de cinq jours au plus en cas de récidive (art. 478).

83. — Enfin, si on a laissé passer les bestiaux sur le

terrain d'autrui, alors qu'il n'est ni ensemencé ni chargé de récoltes sur pied, mais avant l'enlèvement de la récolte, on n'encourt que l'amende de 1 fr. à 5 fr. (Code pén., art. 471, 14°) et l'emprisonnement de trois jours au plus en cas de récidive (art. 474). Toutefois, le dommage causé aux propriétés d'autrui par des bestiaux *laissés à l'abandon* constitue une contravention distincte du simple passage prévu par l'article 471, 14°, du Code pénal, et que la loi du 23 thermidor an IV punit d'une peine plus grave. (Cass. 13 avril 1866, D. P., 66, 5, 129.)

84. — La servitude de passage pour cause d'enclave qui n'est accordée qu'aux propriétaires pour l'exploitation de leurs fonds, ne peut être réclamée par ceux qui n'ont à accéder aux héritages enclavés que pour y exercer le droit de vaine pâture. (Trib. simp. pol. du canton de Juniville [Ardennes], 6 avril 1861, *Bull. des déc. des just. de paix,* t. III, 1861, p. 334.)

85. — Les autres règles auxquelles les ayants droit à la vaine pâture doivent obéir se réfèrent : 1° à l'interdiction de céder leur droit ; 2° à la quantité de bétail que chacun peut envoyer au pâturage; 3° à la garde des bestiaux; 4° aux dispositions particulières émanant des délibérations du conseil municipal, dûment approuvées.

86. — 1° *Interdiction de céder le droit à la vaine pâture.* — Aux termes de l'article 10 de la loi de 1889, le droit de vaine pâture doit être exercé directement par les ayants droit et ne peut être cédé à personne. Cette prohibition se rencontrait également dans la loi de 1791 (titre Ier, sect. IV, art. 15); toutefois, elle semblait ne s'appliquer qu'aux propriétaires ou fermiers non domiciliés, auxquels se référait l'article où elle se trouvait contenue. Mais la Cour de cassation avait décidé, d'une manière générale, que l'exercice et l'usage du droit de vaine pâture sont inséparables de l'exploitation qui les confère et ne peuvent être par conséquent l'objet d'aucune cession. (Cass. 16 juin 1848, *Annales des Just. de paix,* Ire série, t. V, p. 295.)

87. — 2° *Quantité de bétail.* — La quantité de bétail proportionnée à l'étendue du terrain de chacun est fixée dans chaque commune ou section de commune entre tous les propriétaires ou fermiers exploitants domiciliés ou non domiciliés, à tant de têtes par hectare, d'après les règlements et usages locaux. En cas de difficulté, il y est pourvu par délibération du conseil municipal, soumise à l'approbation du préfet. (L. 1889, art. 8.)

88. — « ... La quantité de bétail proportionnée à l'étendue *du terrain de chacun.....* », dit la loi. Faut-il tenir compte de tous les terrains exploités sur le territoire de la commune par chaque propriétaire ou fermier, ou seulement des terrains assujettis à la vaine pâture? Le texte, qui ne semble pas distinguer, pourrait conduire tout d'abord à la première solution. L'article 12 de la loi de 1791 parlait de même simplement de l'étendue des terres que le propriétaire ou fermier *exploite dans la paroisse.* Mais cette interprétation, outre qu'elle serait contraire à l'équité, ne serait pas d'accord avec l'esprit de la loi non plus qu'avec les autres dispositions législatives.

Le droit au pâturage est fondé sur la règle de la réciprocité, en sorte que la fixation dont il s'agit doit en réalité avoir pour base, non pas l'importance de l'exploitation, mais bien l'étendue des terrains que chacun apporte à la communauté. D'où la conséquence que, pour établir la répartition dont ils sont chargés, les conseils municipaux ne doivent avoir égard qu'aux héritages sur lesquels la vaine pâture peut être exercée. (*Annales des Just. de paix,* vol. 1859, p. 239 ; Jay et Beaume, ouvr. cit., n° 116.)

89. — D'ailleurs, aux termes de l'article 16 de la loi de 1791, « quand un propriétaire d'un pays de vaine pâture aura clos une partie de sa propriété, le nombre de têtes de bétail qu'il pourra continuer d'envoyer dans le troupeau commun, ou par troupeau séparé, sur les terres particulières des habitants de la communauté sera restreint proportionnellement... » C'est la règle nettement formulée par l'article 648 du Code civil : « Le propriétaire qui veut se clore perd son droit au parcours et à la vaine pâture en proportion du terrain qu'il y soustrait. » En outre, l'article 9 de la loi de 1889, de même que l'article 14, section IV, titre Ier, de la loi de 1791, prévoit la situation du chef de famille domicilié, qui n'est ni propriétaire ni fermier d'une parcelle quelconque de terrains *soumis à la vaine pâture*. Il vient ainsi expliquer de la manière la plus claire ce qu'il faut entendre par les mots « terrain de chacun » employés dans l'article précédent. On ne doit donc pas, pour la fixation de la quantité proportionnelle, tenir compte des terrains clos, ni, comme nous avons déjà eu occasion de le faire observer, des terrains soustraits à la dépaissance commune par leur mode d'assolement ou de culture.

90. — Le conseil municipal peut prendre en considération, pour cette fixation, le plus ou moins d'abondance des pâturages suivant les saisons. Ainsi, la Cour de cassation a déclaré valable et obligatoire le règlement qui fixe le nombre de têtes de bétail qui doivent être envoyées au pâturage, selon les diverses époques de l'année où a lieu l'exercice de la servitude, par exemple, à quinze moutons ou brebis par hectare, du 1er juillet au 1er décembre, et à douze seulement du 1er décembre au 1er juillet. (Cass. 3 mai 1850, *Annales des Just. de paix,* vol. 1851, p. 116.)

91. — L'autorité municipale peut prendre toutes les mesures qu'elle juge nécessaires pour déterminer le droit de chacun à l'exercice de la vaine pâture ; elle peut ordonner, notamment, que les propriétaires de troupeaux feront la déclaration détaillée des terres qu'ils possèdent et appuieront cette déclaration de pièces qui en attestent l'authenticité. (Cass. 1er juillet 1859; Béquet et Dupré, *Répert. de dr. admin.*, v° *Commune,* n° 2429, *et note.*)

92. — Après que l'autorité compétente a déterminé le nombre de têtes de bétail que chaque habitant de la commune pourra envoyer à la vaine pâture, nul ne peut, sans contravention, en envoyer un nombre supérieur à celui qui lui est assigné, alors même que le nombre total ne serait pas excédé, à raison de ce que certains habitants n'auraient pas usé de leurs droits. (Cass. 3 mai 1850, *Annales des Just. de paix,* vol. 1851, p. 116 ;

Cass. 23 février, 1855, Pillon, S. 55, 1, 239; Justice de paix de Couty, 13 juin 1849, *Annales des Just. de paix,* 1re série, t. V, p. 286; Jay et Beaume, ouvr. cit., n° 112.)

93. — Mais les conseils municipaux sont sans droit pour déterminer et limiter, eu égard à l'étendue des terres soumises à la vaine pâture, la quantité de bétail que les propriétaires ou fermiers peuvent avoir. Un tel règlement serait contraire aux dispositions de l'article 1er de la section IV, titre Ier, de la loi de 1791, d'après lesquelles tout propriétaire est libre d'avoir chez lui telle quantité et telles espèces de troupeaux qu'il croit utiles à la culture et à l'exploitation de ses terres. (Cass. 10 mars 1854, *Annales des Justices de paix,* vol. 1854, p. 286; Jay et Beaume, ouvr. cit., n° 110.)

94. — Les délibérations, par lesquelles les conseils municipaux règlent la quantité de bétail que chaque propriétaire du territoire aura la faculté d'envoyer en vaine pâture, sont tout aussi obligatoires pour les possesseurs ou fermiers grevés de cette servitude que pour les autres habitants de la commune. Le contrevenant à une telle délibération dûment approuvée, qui a fait pacager sur une pièce de terre non close un nombre de bestiaux excédant celui qui lui était fixé par le conseil municipal, ne peut être renvoyé de la poursuite par le motif qu'il est fermier de cette pièce et que son troupeau y est arrivé sans parcourir d'autres héritages. (Cass. 30 décembre 1841, S. 42, 1, 869; D. P., 42, 1, 76.)

95. — Le droit à la vaine pâture peut être exercé par

quiconque exploite, comme propriétaire ou fermier, des terres dans une commune, sans que ce droit ait à subir d'autres limites que celle résultant des règlements. Dès lors, en l'absence d'un tel règlement déterminant le nombre proportionnel d'animaux admissibles à la vaine pâture, le propriétaire qui possède dans la commune une grande étendue de territoire ne peut fonder une demande en dommages-intérêts sur ce qu'un autre propriétaire enverrait à la vaine pâture un nombre d'animaux hors de proportion avec l'étendue du territoire par lui possédé. (Cass. 11 mai 1869, S. 69, 1, 294.)

96. — La quantité proportionnelle de bétail ne peut être fixée que par le conseil municipal. En conséquence, et à défaut de fixation par ce conseil, un particulier ne commet aucune infraction punissable, en envoyant à la vaine pâture un nombre de têtes de bétail plus considérable que celui qui lui aurait été indiqué par le garde champêtre de la commune, un tel avis ne pouvant équivaloir à l'arrêté en forme que les lois ont placé dans les attributions du conseil municipal. Il en est ainsi alors même qu'un arrêté préfectoral aurait déterminé d'une manière générale les proportions devant servir de base à la fixation dont il s'agit. (*Bulletin des décisions des juges de paix*, t. V, p. 108 et suiv.)

97. — La délibération du conseil municipal en cette matière ne devient exécutoire qu'après avoir été approuvée par le préfet, conformément aux articles 19, 8°, et 20 de la loi du 18 juillet 1837, aujourd'hui remplacés par les articles 68, 6°, et 69 de la loi du 5 avril 1884. Dès lors l'inobservation d'une telle délibération non encore approuvée ne constitue pas une contravention punissable. (*Ibid.*)

98. — 3° *Garde des bestiaux.* — L'article 12 de la loi de 1791 portait que, dans les pays de vaine pâture soumis à l'usage du troupeau commun, tout propriétaire ou fermier peut renoncer à cette communauté et faire garder par troupeau séparé un nombre de têtes de bétail proportionné à l'étendue des terres qu'il exploite dans la paroisse. C'est le système du troupeau commun facultatif; la loi de 1889 ne l'a pas modifié. Aux termes de l'article 4 de cette dernière loi, « la vaine pâture s'exerce, soit « par troupeau séparé, soit au moyen du troupeau en com- « mun... » L'article 7 reproduit la règle antérieure dans les termes suivants: « L'usage du troupeau en commun n'est « pas obligatoire. Tout ayant droit peut renoncer à cette « communauté et faire garder par troupeau séparé le « nombre de têtes de bétail qui lui est attribué par la « répartition générale. »

Les bestiaux peuvent donc être envoyés au pâturage, soit en troupeau commun et sous la conduite d'un pâtre appartenant à la commune, soit, même dans les pays soumis à l'usage du troupeau commun, sous la conduite d'un gardien particulier.

99. — Mais tout propriétaire ou fermier qui n'use pas individuellement de la faculté de participer par troupeau séparé au droit de vaine pâture, ne peut en jouir qu'en mettant son bétail dans le troupeau commun. Il n'est pas permis à deux particuliers ou à un plus grand nombre de rendre cette disposition inefficace en plaçant les bestiaux qui leur appartiennent sous la conduite d'un berger par eux choisi, et de former ainsi un second troupeau commun. (Cass. 9 février 1838, comm. de Courcelles, S. 38, 1, 938 ; D. P. 38, 1, 448 ; *Annales des Justices de paix,* 1re série, t. V, p. 305 ; Cass. 2 décembre 1841, Chaumont, S. 42, 1, 936 ; D. P. 42, 1, 82 ; Trib. de simple police du canton de Gamaches, 26 mai 1860, *Bulletin des décisions des juges de paix,* t. III, 1861, p. 31.)

100. — A cet égard, peu importe que le troupeau commun ne soit pas organisé par un règlement municipal et que le pâtre commun ne soit pas nommé par le maire ; il suffit que le troupeau communal soit constitué et le pâtre nommé conformément aux usages locaux. Dans ce cas, le berger qui conduit plusieurs troupeaux réunis sur le territoire communal doit être assimilé à l'individu qui, sans droit, mène son bétail sur le terrain d'autrui, et tombe dès lors sous le coup de l'article 479, 10°, du Code pénal. (Cass. 28 novembre 1879, Bossu, S, 80, 1, 141 ; D. P., 80, 1, 89.)

101. — Est légal et obligatoire l'arrêté municipal qui interdit de faire paître les bestiaux attachés au piquet ; ces bestiaux ne peuvent en pareil cas être considérés comme surveillés et gardés par troupeau séparé. (Cass. 27 décembre 1867, Lebozec, S. 68, 1, 348.)

102. — Aux termes de l'article 14 de la loi de 1791, tout chef de famille domicilié n'étant ni propriétaire ni fermier d'aucun des terrains sujets à la vaine pâture... pouvait « envoyer sur lesdits terrains, soit par troupeau séparé, *soit en troupeau en commun*, jusqu'au nombre de six bêtes à laine et d'une vache avec son veau... » Fallait-il voir là une dérogation à la règle précédente? En d'autres termes, devait-on interpréter l'expression « soit en en troupeau commun », en ce sens que les particuliers visés par cette disposition pouvaient former *entre eux* un troupeau commun, ou signifiait-elle simplement, en opposition aux mots « par troupeau séparé », que ces individus avaient, comme les autres ayants droit, l'option entre la garde séparée et le troupeau commun gardé par le pâtre communal? MM. Jay et Beaume (ouvr. cit., n° 121) admettent le premier système qui nous paraît contestable. Hâtons-nous de dire que cette controverse ne peut plus être soulevée depuis la loi de 1889 ; l'article 9 a en effet remplacé les mots « soit en troupeau en commun » par ceux « soit dans le troupeau commun » qui ne laissent place à aucun doute. (Conf. l'interprétation donnée par les auteurs précités à l'article 15 de la loi de 1791, sous le n° 121 *bis*.)

103. — Dans les communes où il n'existe pas de troupeau commun pour l'exercice de la vaine pâture et où par conséquent chaque ayant droit fait garder séparément son bétail, peut-on admettre que plusieurs propriétaires de troupeaux les réunissent en un seul? Le ministre de l'intérieur consulté sur cette question a répondu négativement, en se fondant sur ce que la tendance du législateur a été de restreindre la vaine pâture et que cette faculté de réunion en faciliterait l'exercice par la réduction des frais de garde. (Instructions du 2 novembre 1844 ; lettre au préfet d'Eure-et-Loir 27 janvier 1869.)

104. — Le ministre a pourtant admis, dans ce dernier document, qu'au cas où le conseil municipal proposerait lui-même de permettre aux propriétaires et fermiers de réunir leur bétail en un seul troupeau, le préfet pourrait approuver une semblable disposition, si d'ailleurs il n'y avait pas d'inconvénient inhérent à la localité. La raison en est qu'en matière de police rurale il convient, dans les cas douteux, de pencher pour les résolutions des corps municipaux qui sont mieux à même que personne d'apprécier les véritables besoins des administrés. Par le même motif, si le conseil municipal refusait d'admettre la faculté dont il s'agit, en se fondant sur ce que, d'après l'usage local, chacun doit faire garder séparément son troupeau, le préfet ne devrait pas hésiter à approuver cette défense.

105. — *4° Dispositions particulières émanant du conseil municipal.* — L'exercice de la vaine pâture peut nécessiter certaines autres mesures de réglementation. Le soin de les prescrire appartient au conseil municipal. La loi du 5 avril 1884 met les délibérations sur la vaine pâture au nombre de celles qui ne sont exécutoires qu'après avoir été approuvées par l'autorité supérieure (art. 68, 6°) ; en vertu de l'article 69, l'approbation en cette matière est donnée par le préfet en conseil de préfecture.

106. — Aux termes de l'article 11 de la loi du 9 juillet 1889, « les conseils municipaux peuvent toujours, confor-

« mément aux articles 68 et 69 de la loi du 5 avril 1884, « prendre des arrêtés pour réglementer le droit de vaine « pâture, notamment pour en suspendre l'exercice en cas « d'épizootie, de dégel ou de pluies torrentielles, pour « cantonner les troupeaux de différents propriétaires ou « les animaux d'espèces différentes, pour interdire la pré- « sence d'animaux dangereux ou malades dans les trou- « peaux. »

107. — Il résulte de ce texte que les conseils municipaux sont investis du pouvoir général de délibérer sur la réglementation de la vaine pâture : le mot *notamment* indique que les objets énumérés par la loi ne figurent qu'à titre d'exemples. Les municipalités peuvent donc ne pas se référer exclusivement à ces objets et édicter toutes les mesures concernant la réglementation de la vaine pâture, à la condition de ne pas supprimer ce droit là où il existe et de ne pas en changer la nature. Mais, inversement, il peut arriver que les conseils municipaux se soient abstenus de délibérer sur cette question. Il a été jugé que l'usage de la vaine pâture dans une commune où elle est établie, ne peut constituer une contravention, lorsqu'il n'existe pas de règlement administratif sur son exercice. (Cass. 1er décembre 1826, Cueillet, D. 27, 1, 351.)

108. — Remarquons que c'est aux conseils municipaux, sauf approbation de l'autorité supérieure, et non aux maires qu'il appartient de décider les mesures de réglementation en cette matière. Les maires ne peuvent prendre d'arrêtés concernant l'exercice de la vaine pâture que pour l'exécution des délibérations des conseils municipaux ou d'anciens règlements émanés de l'autorité compétente et restés en vigueur. (Cass. 19 août 1859, S. 59, 1, 963.)

109. — Un système différent a été proposé par MM. Jay et Beaume (ouvr. cit., n° 153) et dans le *Répertoire de droit administratif* de MM. Béquet et Dupré (v° *Commune,* n°s 2430 et suiv.). Toute mesure qui tend exclusivement à régler le mode d'exercice de la servitude ne pourrait être prise par l'autorité qui administre qu'après qu'elle aurait été déclarée utile et votée par le corps délibérant; mais il en serait autrement s'il s'agissait d'une mesure de police proprement dite. (En ce sens également, lettre du ministre de l'intérieur au préfet de la Seine-Inférieure, 14 janvier 1843.) Cette distinction ne nous paraît plus pouvoir être faite en présence des termes de la loi de 1889. L'isolement des bestiaux malades et autres mesures contre les épizooties qui, sous l'empire de la législation précédente, étaient cités par M. Béquet comme rentrant dans les attributions des maires, sont expressément confiés aux conseils municipaux par l'article 11 de la loi nouvelle; il en est de même de la suspension en cas de dégel ou de pluies torrentielles; enfin l'expression « prendre des arrêtés pour *réglementer* le droit de vaine pâture » embrasse certainement toutes les mesures de police concernant l'exercice de ce droit. Il n'est pas inutile d'observer que la distinction proposée serait, en bien des circonstances, très difficile à établir. (Voy. l'article de M. Le Berquier dans le *Droit,* 13 et 14 octobre 1845.)

110. — Nous croyons pourtant qu'il faudrait encore

aujourd'hui reconnaître la légalité d'un arrêté municipal, émané du maire seul et prohibant le pâturage des bestiaux sur les chemins publics de la commune. (Cass. 1er décembre 1854, *Annales des Justices de paix,* vol. 1855, p. 131.) Il appartient en effet au maire de maintenir la sûreté et la commodité du passage sur ces chemins et de veiller à leur conservation. Ici, l'arrêté a pour objet, moins de réglementer la vaine pâture que de préserver les intérêts de la viabilité.

111. — Mais l'arrêté municipal sur l'exercice de la vaine pâture n'est légal et obligatoire qu'autant qu'il a été précédé d'une délibération du conseil municipal et qu'il a été adressé avec cette délibération au sous-préfet et approuvé par le préfet. (Cass. 19 décembre 1863, Caillot, S. 64, 1, 198.)

112. — La délibération du conseil municipal sur la vaine pâture n'a par elle-même aucune force légale, encore bien que le maire en aurait fait l'objet d'un arrêté spécial ; elle n'est obligatoire que si elle a été approuvée par le préfet. (Cass. 23 janvier 1862, *Annales des Justices de paix*, 1862, p. 342 ; Cass. 19 décembre 1863, S. 64, 1, 198.)

113. — Lorsque la délibération du conseil municipal n'a pas été envoyée au sous-préfet et approuvée par le préfet, elle n'est pas exécutoire ; elle est dépourvue de sanction pénale, et dès lors le juge de police ne peut en faire la base d'une condamnation. (Cass. 26 février 1857, *Annales des Justices de paix,* 1857, p. 208 ; *id.* 9 mai 1884, S. 86, 1, 92.)

114. — Ces délibérations ne peuvent être assimilées aux arrêtés municipaux portant règlement permanent, qui sont exécutoires un mois après la remise de l'ampliation au préfet ou sous-préfet. L'*approbation* du préfet est nécessaire. (Le Berquier, article cité.)

115. — Un arrêt de la Cour de cassation du 18 mars 1836 (rapporté *in extenso* par MM. Jay et Beaume, ouvr. cit., n° 194) admettait que les contraventions aux règlements sur la vaine pâture ne peuvent être excusées sous le prétexte que ces règlements n'ont point été publiés, alors qu'ils ont reçu la publicité la plus certaine, que leur existence a été notoire dans la commune et qu'ils ont été exécutés par l'autorité judiciaire et l'autorité administrative. Nous croyons plutôt que, sous ce rapport, les règlements sur la vaine pâture doivent être assimilés aux arrêtés municipaux et soumis aux mêmes règles de publicité. (L. 5 avril 1884, art. 96.)

116. — Lorsque le préfet a refusé d'approuver un règlement sur la vaine pâture, les tribunaux ne peuvent condamner le prévenu d'une contravention de ce genre en basant la condamnation sur un règlement identique antérieur ; le refus d'approbation du second règlement emporte révocation du premier. (Cass. 15 novembre 1861, *Annales*, 1862, p. 200.)

117. — Le préfet ne peut modifier, en y introduisant des conditions nouvelles, la délibération prise par un conseil municipal relativement à la vaine pâture ; son droit se borne à donner ou à refuser l'approbation à la délibération qui lui est soumise. (Cons. d'État 18 avril 1861, comm. de Kœur-la-Grande, Lebon, p. 277; *Annales,* 1862, p. 17.)

118. — Le droit qui appartient au préfet d'approuver les délibérations prises sur cette matière ne peut non plus avoir pour effet de retirer l'approbation et d'enjoindre aux conseils municipaux de se réunir pour délibérer sur un nouveau règlement. (Cons. d'État 10 juillet 1885, *Droit,* 30 août 1885.)

119. — A plus forte raison, les préfets ne peuvent se substituer complètement aux conseils municipaux et faire à leur place des règlements dont l'initiative appartient exclusivement à ces assemblées. (Instr. min. int. octobre 1843, préfet de la Haute-Saône; janvier 1846, préfet des Deux-Sèvres.)

L'article 99 de la loi du 5 avril 1884 serait inapplicable ici; il s'agit non d'arrêtés du maire, mais de délibérations du conseil municipal, auquel le préfet ne peut se substituer.

120. — Les règlements administratifs qui déterminent le mode d'exercice d'un droit de vaine pâture ne peuvent porter aucune atteinte au droit de propriété des fonds sur lesquels il s'exerce. Par suite, les tribunaux sont compétents pour prononcer des dommages-intérêts à raison du préjudice causé par cet exercice, bien qu'il ait eu lieu conformément aux actes administratifs qui le réglementent. (Cass. 10 févr. 1845, commune de Saint-Just, S. 45, 1, 463; D. 45, 1, 157.)

121. — Examinons maintenant les principaux objets auxquels peuvent s'appliquer les règlements sur la vaine pâture.

Le droit de cantonner les bestiaux avait déjà été reconnu aux conseils municipaux ; ainsi il a été jugé qu'une commune peut légalement, afin de faciliter l'exercice du droit de vaine pâture dont jouissent ses habitants, partager les terrains qui y sont soumis en divers cantonnements pour chacun d'eux être individuellement affecté à l'usage exclusif du hameau le plus voisin. (Nancy 9 février 1859, Grosselin, S. 51, 2, 327.)

122. — Il résulte du même arrêt que, lorsque deux hameaux ou groupes de maisons voisins appartenant à deux communes différentes, chez lesquelles l'exercice du droit de vaine pâture a été ainsi réglé, ont réuni leurs cantonnements respectifs pour y exercer indivisément leur droit, un tel arrangement ne constitue pas la servitude de parcours réciproque de paroisse à paroisse, supprimée par la loi des 28 septembre-6 octobre 1791 (section IV, art. 2), dans les cas où elle n'est pas fondée sur un titre ou sur une possession légale, et complètement abolie par la loi du 9 juillet 1889.

123. — La loi nouvelle permet au conseil municipal de cantonner les troupeaux *de différents propriétaires.* On ne lui reconnaissait pas antérieurement le droit de fixer un cantonnement séparé à chacun des troupeaux particuliers, à moins que l'usage local ne l'y autorisât. (Instruction ministérielle 31 août 1841, Aube.) On n'admettait pas non plus le cantonnement de bestiaux appartenant à certaines catégories de propriétaires, par exemple à des bouchers. (*Idem* 1879, Seine-et-Oise.) La légalité de semblables mesures ne pourrait plus être contestée aujourd'hui; mais il appartiendrait toujours au préfet d'en apprécier l'opportunité.

124. — En outre, ce cantonnement doit respecter le principe de la proportionnalité. L'autorité supérieure ne saurait approuver une délibération qui, par exemple, accorderait une fois pour toutes à deux grands propriétaires le parcours sur les terres qu'ils font valoir, tandis que les autres habitants collectivement enverraient leurs animaux sur les terres qu'ils possèdent, à l'exclusion de celles appartenant aux deux propriétaires dont il s'agit. (Lettre du ministre de l'intérieur au préfet de l'Aube, commune de Romilly, délibération du conseil municipal du 6 décembre 1821. *Voy.* toutefois, sur l'application plus ou moins rigoureuse du principe de la proportionnalité, Cass. 22 janv. 1859, D. P. 59, 1, 382; Cass. 26 novembre 1864, S. 65, 1, 293.)

125. — L'autorité municipale a également le droit de cantonner, sur des parties déterminées du territoire, certaines espèces d'animaux dont la dent est nuisible aux récoltes. (Cass. 17 mai 1866, Boudot, S. 67, 1, 90; Cass. 7 novembre 1885, Bazin, S. 86, 1, 92.)

C'est ce que l'article 11 reconnaît formellement en permettant de cantonner *les animaux d'espèces différentes.*

126. — Mais, ainsi que nous l'avons vu plus haut, le droit de l'administration ne va pas jusqu'à pouvoir interdire complètement la vaine pâture sur des terrains qui n'en sont pas affranchis par les dispositions législatives régissant la matière. Cette question présentait un grand intérêt antérieurement à la loi de 1889, à l'époque où les prairies naturelles n'étaient pas exemptes de la vaine pâture, et où l'autorité municipale avait cherché parfois à user de ses attributions pour y prohiber l'exercice de ce droit[1]. Aujourd'hui encore, il pourrait y avoir lieu de faire application de ce principe. Ainsi on ne saurait affranchir de la vaine pâture, d'une manière générale et sans distinction, des terrains non clos dont partie est plantée en bois, si l'autre partie n'est couverte d'aucune production. (Cass. 13 juillet 1866, Bergeron, S. 67, 1, 442.)

127. — Est de même illégal un règlement qui, contrairement à l'usage et aux titres, excepte entièrement du droit de vaine pâture certaines espèces d'animaux. (Cass. 20 janvier 1876, D. P. 76, 1, 459.)

128. — Lorsqu'aucun cantonnement n'a été affecté aux troupeaux pour le pâturage, il est incontestable que les propriétaires peuvent les envoyer sur toutes les parties du territoire assujetti à la vaine pâture : c'est ce qui a

---

1. Depuis la loi du 22 juin 1890, on peut supposer le cas où la vaine pâture sur les prairies naturelles aurait été rétablie conformément aux dispositions de cette loi, et où le conseil municipal, cédant aux influences des habitants hostiles au rétablissement de ce droit, voudrait en prohiber l'exercice sous la forme d'une réglementation. L'illégalité d'une telle délibération serait encore plus flagrante aujourd'hui, car on ne peut admettre qu'il appartienne au conseil municipal de mettre à néant la décision du conseil général ou le décret qui aurait rétabli la servitude.

été décidé dans une espèce où il s'agissait de bestiaux dépendant d'une section de commune. (Cass. 28 avril 1848 ; *Annales des Justices de paix,* 1re série, t. V, p. 305 ; Jay et Beaume, ouvr. cit., n° 133.)

129. — Mais lorsqu'il y a des cantonnements déterminés conformément à la loi, on peut se demander quelle pénalité atteint l'individu qui conduit ses bestiaux au pâturage sur des terrains compris dans un cantonnement autre que celui qui lui est assigné : commet-il une simple infraction à un règlement qui le rend punissable de l'amende de 1 à 5 fr., prononcée par l'article 471, 15°, du Code pénal, ou bien faut-il voir là un fait de passage sur le terrain d'autrui qui motive contre lui l'application de l'article 479, 10°, c'est-à-dire une amende de 11 à 15 fr. ?

Pour justifier le premier système, on peut dire que ce fait ne peut être assimilé au pacage des bestiaux sur des terrains non grevés de la servitude de vaine pâture, car le règlement municipal qui attribue à divers troupeaux des cantonnements respectifs a pour effet, non de prohiber absolument le pâturage sur tels ou tels terrains, non de les en affranchir, mais d'en opérer en quelque sorte la répartition entre les divers troupeaux ; en principe, le pacage est licite, c'est l'arrêté municipal qui le rend illicite. Le fait de passer d'un cantonnement à un autre constitue donc une simple contravention au règlement, qui doit trouver sa répression dans la disposition de l'article 471, 15°. Mais il est permis de répondre que, dès l'instant qu'on reconnaît au pouvoir municipal le droit d'affecter à chaque troupeau un cantonnement spécial et d'y interdire le pâturage aux autres troupeaux, on est forcé de reconnaître aussi que les héritages dont ce cantonnement se compose sont bien véritablement le terrain d'autrui dans le sens de la loi, puisque, cessant d'être commun, le pâturage y devient le domaine exclusif d'un seul. Or la disposition générale de l'article 471, 15°, du Code pénal ne reçoit application qu'autant que la violation d'un règlement ne constitue pas une contravention réprimée par une disposition spéciale de ce code ou de toute autre loi. C'est le système sanctionné par un arrêt de la Cour de cassation du 30 août 1834. (*Annales des Justices de paix,* 1re série, t. V, p. 306. *Sic,* Jay et Beaume, ouvr. cit., n° 136; Curasson sur Proudhon, *Droit d'usage,* t. I, p. 593; *contrà,* Béquet et Dupré, *Répertoire de droit administratif,* v° *Commune,* n° 2447.)

130. — Le pouvoir réglementaire des municipalités sur la vaine pâture peut être utilement employé contre la propagation des maladies contagieuses des animaux. L'article 11 de la loi de 1889 permet aux conseils municipaux d'en suspendre l'exercice en cas d'épizootie; il leur confère également le droit d'interdire la présence d'animaux dangereux ou malades dans les troupeaux. Cette disposition doit être rapprochée, d'une part, de l'article 19, section IV, titre Ier de la loi de 1791, et, d'autre part, de la loi du 21 juillet 1881 sur la police sanitaire des animaux.

131. — « Aussitôt qu'un propriétaire aura un troupeau malade, il sera tenu d'en faire la déclaration à la municipalité : elle assignera sur le terrain du parcours ou de la vaine pâture, si l'un ou l'autre existe dans la paroisse, un espace où le troupeau malade pourra pâturer exclusivement et le chemin qu'il devra suivre pour se rendre au pâturage... (L. 1791, titre Ier, sect. IV, art. 19.)

132. — « Tout propriétaire, toute personne ayant, à quelque titre que ce soit, la charge des soins ou la garde d'un animal atteint ou soupçonné d'être atteint d'une maladie contagieuse, dans les cas prévus par les articles 1er et 2 (de la loi du 21 juillet 1881), est tenu d'en faire sur-le-champ la déclaration au maire de la commune où se trouve cet animal. Sont également tenus de faire cette déclaration tous les vétérinaires qui seraient appelés à le soigner.

« L'animal atteint ou soupçonné d'être atteint de l'une des maladies spécifiées dans l'article 1er devra être immédiatement et avant même que l'autorité administrative ait répondu à l'avertissement, *séquestré, séparé* et *maintenu isolé* autant que possible des autres animaux susceptibles de contracter cette maladie. Il est interdit de le *transporter* avant que le vétérinaire délégué par l'administration l'ait examiné... (L. 21 juillet 1881, art. 3.)

133. — « Toute infraction aux dispositions des articles 3.... de la présente loi sera punie d'un emprisonnement de six jours à deux mois et d'une amende de 16 à 400 fr. (*Id.*, art. 30.)

« Seront punis d'un emprisonnement de deux mois à six mois et d'une amende de 100 à 1,000 fr. : 1° ceux qui, au mépris des défenses de l'administration, auront laissé leurs animaux infectés communiquer avec d'autres... (*Id.*, art. 31.)

« Seront punis d'un emprisonnement de six mois à trois ans et d'une amende de 100 fr. à 2,000 fr. :... 2° ceux qui se seront rendus coupables des délits prévus par les articles précédents, s'il est résulté de ces délits une contagion parmi les autres animaux. » (*Id.*, art. 32.)

134. — Il faut mentionner, parmi les autres mesures qu'il appartient au conseil municipal de prendre, en vertu des articles 68, 6°, de la loi du 5 avril 1884 et 11 de la loi du 9 juillet 1889, qui n'ont fait d'ailleurs que maintenir la législation antérieure, le droit de déterminer le mode et la durée de la vaine pâture. (Cass. 31 mars 1836, *Annales des Justices de paix*, 1re série, t. V, p. 294; Cass. 15 juillet 1843, *Annales, ibid.*, p. 298; Cass. 30 décembre 1854, *Annales*, 1854, p. 171.)

135. — Il a de même qualité pour fixer l'époque à partir de laquelle le droit peut être exercé. (Cass. 14 juillet 1854; *Annales*, 1855, p. 104.)

136. — La fixation par un arrêté municipal du jour avant lequel le droit de vaine pâture ne pourra être exercé est applicable aux propriétaire mêmes des terres soumises à ce droit; en sorte que ceux-ci ne peuvent, sans contravention, avant l'époque déterminée, envoyer pacager leurs bestiaux sur leurs propres terres. Vainement on dirait que ce n'est là que l'exercice du droit de propriété; ce propriétaire, en effet, ne peut être autorisé à envoyer paître ses bestiaux sur ses terres, pour n'apporter ensuite à la communauté que des terres épuisées. (Cass. 8 janvier 1857, Lefrançois, S. 57, 1, 317.)

137. — Le jour fixé, même d'une manière éventuelle, par un arrêté municipal pour l'ouverture de la vaine pâture ne peut être changé que par un autre arrêté publié en la forme légale ; un avertissement verbal donné à son de caisse ne suffit pas. (Cass. 14 juillet 1854, S. 54, 1, 822.)

138. — Ainsi que nous l'avons déjà vu, les conseils municipaux ne peuvent entraver ni modifier le droit de vaine pâture là où il est autorisé par la loi. Il ne leur appartient pas non plus de le suspendre arbitrairement, même dans un canton déterminé, sous le prétexte qu'il serait de nature à nuire à certaines récoltes ; une telle suspension constituerait un excès de pouvoir. (Cass. 10 mars 1854 ; *Annales des Justices de paix,* vol. 1854, p. 281 ; Jay et Beaume, ouvr. cit., n° 163.)

139. — Les infractions aux règlements municipaux sur la vaine pâture, lorsqu'elles ne sont pas punies d'une peine plus grave par les lois spéciales ou le Code pénal, n'encourent que l'amende de 1 à 5 fr. édictée par l'article 471, 15°, de ce Code.

V. — La vaine pâture en Corse.

140. — En présentant, au début de cette étude, l'historique de la vaine pâture, nous avons signalé la loi du 22 juin 1854 qui a aboli le parcours et la vaine pâture dans le département de la Corse. Cette mesure avait été motivée par les raisons les plus graves. Ce que, dans les départements continentaux, on appelait *parcours* n'était en Corse que l'irruption des troupeaux et des bestiaux de qui que ce soit sur toutes les communes voisines, sans distinction de limites ; c'était l'invasion, le passage qui s'opérait deux fois par an, à travers les territoires de toutes les communes, lors des migrations des troupeaux de la montagne à la plaine et de la plaine à la montagne suivant les saisons. Ce que l'on appelle *vaine pâture* sur le continent, c'était, en Corse, la prétention mise en pratique par tout individu à qui il plaisait d'avoir un troupeau, sans être propriétaire de la moindre parcelle de terrain, d'envoyer ce troupeau sur les terres de tous les cultivateurs, sans aucune précaution prise, même pour ménager les arbres. Sous ces noms empruntés de parcours et de vaine pâture des abus intolérables étaient commis sur le bien d'autrui, soumis sans règle et sans répression possible à la disposition des troupeaux de toute espèce, plutôt qu'à la jouissance paisible du véritable propriétaire. (Jay et Beaume, ouvr. cit., n°s 199 et suiv.)

Un édit de juillet 1771 avait essayé de remédier à ces désordres en abolissant le parcours et en réglementant la vaine pâture, mais il avait été inefficace. De même, les dispositions de la loi des 28 septembre-6 octobre 1791 ne furent pas appliquées.

141. — La loi du 22 juin 1854 a eu pour but de mettre un terme à cette dévastation permanente. Aux termes de cette loi, la servitude de parcours est abolie dans le département de la Corse. (Art. 1er.)

Le droit de vaine pâture a cessé de plein droit dans le département de la Corse un an après la promulgation de la loi. (Art. 2.) Le délai fixé par l'article précédent pouvait être prorogé, pour une ou plusieurs communes du département, par arrêté du préfet rendu en conseil de préfecture, soit d'office, soit sur la demande des conseils municipaux. Cette prorogation de délai ne pouvait être prononcée que pour une durée de trois ans; mais elle pouvait être renouvelée par un arrêté rendu dans les mêmes formes. Indépendamment des restrictions apportées par la loi des 28 septembre-6 octobre 1791 à l'exercice de la vaine pâture, l'arrêté de prorogation pouvait imposer telle autre réserve ou restriction qui serait exigée par l'intérêt public. (Art. 3.) Les dispositions de la section IV du titre Ier de la loi de 1791 continuait à régler l'exercice de la vaine pâture jusqu'à l'expiration des délais énoncés aux articles 2 et 3 de la présente loi. (Art. 4.)

Ainsi la loi du 22 juin 1854, après avoir aboli le parcours et supprimé en principe la vaine pâture, a permis au préfet, d'une part, de proroger pour trois ans, dans une ou plusieurs communes, l'exercice de ce dernier droit; d'autre part, d'ajouter aux restrictions apportées par la loi de 1791 [1].

142. — L'article 5 est relatif aux sanctions : toute contravention aux prescriptions de la loi est punie des peines

1. D'après des renseignements que M. le préfet de la Corse a bien voulu nous adresser, la vaine pâture n'est plus aujourd'hui pratiquée dans aucune commune de ce département; en effet, les prorogations de délai qui ont pu être accordées au moment de la promulgation de la loi de 1854 n'ont pas été renouvelées, de sorte que la vaine pâture n'existe plus en Corse, tout au moins d'une façon légale.

portées en l'article 479 du Code pénal, et en cas de récidive, de celles portées en l'article 482 du même Code. Il y a récidive, lorsqu'il a été rendu contre le contrevenant, dans les douze mois qui précèdent, un premier jugement pour contravention à la présente loi. Il résulte de cette disposition que les contraventions aux prescriptions de cette loi sont assimilées au fait de conduite de bestiaux sur le terrain d'autrui.

143. — Remarquons que l'abolition du droit de vaine pâture ne fait point obstacle à ce que les habitants d'une commune laissent paître leur bétail sur des propriétés communales, alors d'ailleurs qu'ils y sont autorisés par une délibération du conseil municipal, régulièrement approuvée, qui les oblige au paiement d'une redevance annuelle et déterminée selon le nombre et l'espèce des bestiaux. Un tel fait de pacage n'est que l'exercice d'un droit et n'a rien de commun avec la vaine pâture, telle qu'elle est définie et prohibée par la loi du 22 juin 1854. Peu importe que les habitants auxquels ce fait de pacage est imputé n'aient pas payé la dernière année de la redevance, ce retard ne pouvant donner lieu qu'à une action civile de la part de la commune et non constituer la contravention. (Cass. 5 janvier 1856, Massoni, D. P. 56, 1, 107.)

144. — Faut-il admettre qu'à la différence de ce qui se passe sur la France continentale, toutes les infractions en matière de vaine pâture, commises en Corse, encourent l'amende de 11 à 15 fr. édictée par l'article 479, non seulement quand il y a conduite de troupeaux nonobstant l'abolition de la servitude de parcours et malgré la cessation du droit de vaine pâture, mais encore lorsqu'il a été simplement contrevenu aux règlements et arrêtés qui ne devraient avoir pour sanction que l'amende de 1 à 5 fr. prévue à l'article 471 ?

On a proposé une distinction. S'il y a contravention aux règlements ou arrêtés municipaux intervenus en exécution de la loi de 1791, on ne peut appliquer que l'article 471, 15° ; mais s'il s'agit de l'inobservation des mesures restrictives de l'exercice de la vaine pâture prises par le préfet, en vertu de l'article 3 de la loi du 22 juin 1854, et contenues dans l'arrêté de prorogation, l'amende encourue est celle de 11 à 15 fr. édictée par l'article 479, car alors il a été contrevenu non seulement à l'arrêté préfectoral, mais aussi à la loi elle-même. (Jay et Beaume, ouvr. cit., n° 206.) Cette dualité de dispositions répressives entraîne des conséquences assez singulières, de même que l'application de la récidive. (*Ibid.*, n°s 207 et suiv. ; *voy.* sur les règles relatives à la vaine pâture en Corse : Cass. 20 septembre 1855, Fabi-Chiara, D. P. 56, 5, 476 ; *Id.* 21 septembre 1855, Pangrani, D. P. 56, 5, 475 ; *Id.* 31 janvier 1856, Colona, D. P. 56, 5, 20 ; *Id.* 31 janvier 1856, Istria, D. P. 56, 5, 20 ; *Id.* 13 février 1857, Casanova, D. P. 57, 1, 178.)

145. — La France continentale est aujourd'hui placée par les lois du 9 juillet 1889 et du 22 juin 1890, au point de vue de la suppression ou du maintien de la vaine pâture, sous un régime analogue à celui que la législation de 1854 avait établi en Corse ; toute la différence est dans la pérennité de la prorogation qui, ici, n'est pas limitée à une période de trois ans et dans les règles de compétence. Il faut y ajouter les dispositions qui résultent de la combinaison de ces deux lois, en ce qui concerne la vaine pâture sur les prairies naturelles.

146. — Lorsque nous avons publié pour la première fois cette étude[1], nous avons fait remarquer que les changements amenés dans la législation de la vaine pâture par la loi de 1889, ne seraient sans doute pas définitifs. On se demandait déjà, en effet, si le but n'avait pas été dépassé, et si cette réforme, élaborée pourtant, il est permis de le dire, par un siècle tout entier, n'avait pas frappé trop profondément un vieil usage tant de fois séculaire. Au moment où les pouvoirs publics examinaient de nouveau la question, nous avons émis le vœu que l'intervention des conseils municipaux et des conseils généraux fût étendue le plus possible et que la solution adoptée écartât ces systèmes absolus qui ne laissent place à aucune initiative des véritables intéressés. Nous sommes heureux de reconnaître que la loi du 22 juin 1890 nous donne en grande partie satisfaction. Entre les deux solutions extrêmes, prohibition ou liberté de la vaine pâture sur les prairies naturelles sans distinction de communes ou de régions, on laisse au contraire les conseils municipaux demander et obtenir le rétablissement de la servitude supprimée l'année précédente. L'esprit de la loi devra inspirer son application. A l'autorité supérieure de s'assurer si celles de ces assemblées qui profiteront de cette dispo-

1. *Revue générale d'administration*, 1890, t. Ier, p. 257, 387 ; voy. surtout la note p. 391.

sition se sont bien attachées à sauvegarder l'intérêt bien entendu du plus grand nombre, sans sacrifier les cultures et les productions qui font la richesse de la commune, et d'éviter surtout de prétendre régir par des principes généraux une matière que gouvernent des considérations d'ordre local.

LÉGISLATION

Décret des 16 17 septembre 1790.

Art. 8. — Il n'est nullement préjudicié par l'abolition du triage aux actions en cantonnement, de la part des propriétaires, contre les usagers de bois, prés, marais et terrains vains ou vagues, lesquelles continueront d'être exercées comme ci-devant dans les cas de droit et seront portées aux tribunaux de district.....

Loi des 28 septembre-6 octobre 1791 concernant les biens et usages ruraux et la police rurale.

TITRE Ier. — DES BIENS ET USAGES RURAUX.

. . . .

Section IV. — Des troupeaux, des clôtures, du parcours et de la vaine pâture.

Art. 1er. — Tout propriétaire est libre d'avoir chez lui telle quantité et telle espèce de troupeaux qu'il croit utile à la culture et à l'exploitation de ses terres et de les y faire pâturer exclusivement, sauf ce qui sera réglé ci-après relativement au parcours et à la vaine pâture.

Art. 2. — La servitude réciproque de paroisse à paroisse, connue sous le nom de parcours, et qui entraîne avec elle le droit de vaine pâture, continuera provisoirement d'avoir lieu avec les restrictions déterminées à la présente section, lorsque cette servitude sera fondée sur un titre ou sur une possession autorisée par les lois et les coutumes ; à tous autres égards, elle est abolie.

Art. 3. — Le droit de vaine pâture dans une paroisse, accompagné ou non de la servitude du parcours, ne pourra exister que dans les lieux où il est fondé sur un titre particulier ou autorisé par la loi ou par un usage local immémorial, à la charge que la vaine pâture n'y sera exercée que conformément aux règles et usages locaux qui ne contrarieront point les réserves portées dans les articles suivants de la présente section.

Art. 4. — Le droit de clore et de déclore ses héritages résulte essentiellement de celui de propriété, et ne peut être contesté à aucun propriétaire. L'Assemblée nationale abroge toutes lois et coutumes qui peuvent contrarier ce droit.

Art. 5. — Le droit de parcours et le droit simple de vaine pâture ne pourront en aucun cas empêcher les propriétaires de clore leurs héritages, et tout le temps qu'un héritage sera clos de la manière qui sera déterminée par l'article suivant, il ne pourra être assujetti ni à l'un ni à l'autre droit ci-dessus.

Art. 6. — L'héritage sera réputé clos lorsqu'il sera entouré d'un mur de quatre pieds de hauteur, avec barrière ou porte, ou lorsqu'il sera exactement fermé et entouré de palissades ou de treillages, ou d'une haie vive, ou d'une haie sèche, faite avec des pieux ou cordelée avec des branches, ou de toute autre manière de faire les haies en usage dans chaque localité, ou enfin d'un fossé de quatre pieds de large au moins à l'ouverture, ou de deux pieds de profondeur.

Art. 7. — La clôture affranchira de même du droit de vaine pâture réciproque entre particuliers si ce droit n'est pas fondé sur un titre. Toutes lois et tous usages contraires sont abolis.

Art. 8. — Entre particuliers, tout droit de vaine pâture fondé sur un titre, même dans les bois, sera rachetable à dire d'experts, suivant l'avantage que pourrait en retirer celui qui avait ce droit s'il n'était pas réciproque, ou eu égard au désavantage qu'un des propriétaires aurait à perdre la réciprocité si elle existait; le tout sans préjudice du droit de cantonnement, tant pour les particuliers que pour les communautés, confirmé par l'article 8 du décret des 16 et 17 septembre 1790.

Art. 9. — Dans aucun cas et dans aucun temps, le droit de parcours ni celui de vaine pâture ne pourront s'exercer sur les prairies artificielles et ne pourront avoir lieu sur aucune terre ensemencée ou couverte de quelques productions que ce soit qu'après la récolte.

Art. 10. — Partout où les prairies naturelles sont sujettes au parcours ou à la vaine pâture, ils n'auront lieu provisoirement que dans le temps autorisé par les lois et coutumes, et jamais tant que la première herbe ne sera pas récoltée.

Art. 11. — Le droit dont jouit tout propriétaire de clore ses héritages a lieu, même par rapport aux prairies, dans les paroisses où, sans titre de propriété et seulement par l'usage, elles deviennent communes à tous les habitants, soit immédiatement après la récolte de la première herbe, soit dans tout autre temps déterminé.

Art. 12. — Dans les pays de parcours et de vaine pâture, soumis à l'usage du troupeau en commun, tout propriétaire ou fermier pourra renoncer à cette communauté et faire garder, par troupeau séparé, un nombre de têtes de bétail proportionné à l'étendue des terres qu'il exploitera dans la paroisse.

Art. 13. — La quantité de bétail, proportionnellement à l'étendue du terrain, sera fixée, dans chaque paroisse, à tant de bêtes par arpent, d'après les règlements et usages locaux, et, à défaut de documents positifs à cet égard, il y sera pourvu par le conseil général de la commune.

Art. 14. — Néanmoins, tout chef de famille domicilié qui ne sera ni propriétaire ni fermier d'aucun des terrains sujets au parcours ou à la vaine pâture, et le propriétaire ou fermier à qui la modicité de son exploitation n'assurerait pas l'avantage qui va être déterminé, pourra mettre sur lesdits terrains, soit par troupeau séparé, soit en troupeau en commun, jusqu'au nombre de six bêtes à laine ou d'une vache avec son veau, sans préjudicier aux droits desdites personnes sur les terres communales, s'il y en a dans la paroisse et sans entendre rien innover aux lois, coutumes ou usages locaux et de temps immémorial, qui leur accorderaient un plus grand avantage.

Art. 15. — Les propriétaires ou fermiers exploitant des terres sur les paroisses sujettes au parcours ou à la vaine pâture et dans lesquelles ils ne seraient pas domiciliés, auront le même droit de mettre dans le troupeau commun, ou de faire garder par troupeau séparé, une quantité de têtes de bétail proportionnée à l'étendue de leur exploitation, et suivant les dispositions de l'article 13 de la présente section; mais dans aucun cas, ces propriétaires ou fermiers ne pourront céder leurs droits à d'autres.

Art. 16. — Quand un propriétaire d'un pays de parcours ou de vaine pâture aura clos une partie de sa propriété, le nombre de têtes de bétail qu'il pourra continuer d'envoyer dans le troupeau commun ou par troupeau séparé sur les terres particulières des habitants de la communauté sera restreint proportionnellement et suivant les dispositions de l'article 13 de la présente section.

. . . .

. . . .

Art. 18. — Par la nouvelle division du royaume, si quelques sections de paroisse se trouvent réunies à des paroisses soumises à des usages différents des leurs, soit relativement au parcours et à la vaine pâture, soit relativement au troupeau en commun, la plus petite partie dans la réunion suivra la loi de la plus grande, et les corps administratifs décideront des contestations qui naîtraient à ce sujet. Cependant si une propriété n'était point enclavée dans les autres, et qu'elle ne gênât point le droit provisoire de parcours ou de vaine pâture auquel elle n'était point soumise, elle serait exceptée de cette règle.

Art. 19. — Aussitôt qu'un propriétaire aura un troupeau malade, il sera tenu d'en faire la déclaration à la municipalité; elle assignera sur le terrain du parcours ou de la vaine pâture, si l'un ou l'autre existe dans la paroisse, un espace où le troupeau malade pourra pâturer exclusivement et le chemin qu'il devra suivre pour se rendre au pâturage. Si ce n'est point un pays de parcours ou de vaine pâture, le propriétaire sera tenu de ne point faire sortir de ses héritages le troupeau malade (supp. loi du 21 juillet 1881 sur la police sanitaire des animaux).

Titre II. — De la police rurale.

Art. 12. — Les dégâts que les bestiaux de toute espèce, laissés à l'abandon, feront sur les propriétés d'autrui, soit dans l'enceinte des habitations, soit dans un enclos rural, soit dans les champs ouverts, seront payés par les personnes qui auront la jouissance de ces bestiaux; si elles sont insolvables, ces dégâts seront payés par ceux qui en ont la propriété. Le propriétaire qui éprouvera des dommages aura le droit de saisir les bestiaux, sous l'obligation de les faire conduire, dans les vingt-quatre heures, au lieu du dépôt qui sera désigné à cet effet par la municipalité. — Il sera satisfait aux dégâts par la vente des bestiaux, s'ils ne sont pas réclamés, ou si le dommage n'a point été payé dans la huitaine du jour du délit.....

. . . .

. . . .

Art. 22. — Dans les lieux de parcours ou de vaine pâture comme dans ceux où ces usages ne sont point établis, les pâtres et les bergers ne pourront mener les troupeaux d'aucune espèce dans les champs moissonnés et ouverts que deux jours après la récolte entière, sous peine d'une amende de la valeur d'une journée de travail. L'amende sera double si les bestiaux d'autrui ont pénétré dans un enclos rural.

Art. 23. — Un troupeau atteint de maladie contagieuse, qui sera rencontré au pâturage sur les terres de parcours ou de la vaine pâture autres que celles qui seront désignées pour lui seul, pourra être saisi par les gardes champêtres, et même par toute personne; il sera ensuite mené au lieu du dépôt qui sera indiqué par la municipalité. — Le maître de ce troupeau sera condamné à une amende de la valeur d'une journée de travail par tête de bête à laine, et à une amende triple par tête d'autre bétail. — Il pourra en outre, suivant la gravité des circonstances, être responsable du dommage que son troupeau aurait occasionné, sans que cette responsabilité puisse s'étendre au delà des limites de la municipalité (supp. Code civil, art. 1385). A plus forte raison, cette amende et cette responsabilité auront lieu si ce troupeau a été saisi sur les terres qui ne sont point sujettes au parcours et à la vaine pâture.

Art. 24. — Il est défendu de mener sur le terrain d'autrui des bestiaux d'aucune espèce, et en aucun temps, dans les prairies artificielles, dans les vignes, oseraies, dans les plants de câpriers, dans ceux d'oliviers, de mûriers, de grenadiers, d'orangers et arbres du même genre, dans tous les plants ou pépinières d'arbres fruitiers ou autres, faits de main d'homme (supp. Code pénal, art. 479, 10°).

Art. 25. — Les conducteurs des bestiaux revenant des foires ou les menant d'un lieu à un autre, même dans les pays de parcours ou de vaine pâture, ne pourront les laisser pacager sur les terres des particuliers ni sur les communaux, sous peine d'une amende de la valeur de deux journées de travail, en outre du dédommagement. L'amende sera égale à la somme du dédommagement si le dommage est fait sur un terrain ensemencé ou qui n'a pas été dépouillé de sa récolte ou dans un enclos rural....

Art. 26. — Quiconque sera trouvé gardant à vue ses bestiaux dans les récoltes d'autrui, sera condamné, outre du paiement du dommage, à une amende égale à la somme du dédommagement, et pourra l'être, suivant les circonstances, à une détention qui n'excédera pas une année.

Loi du 23 thermidor an IV relative à la répression des délits ruraux et forestiers.

. . . .

. . . .

Art. 2. — La peine d'une amende de la valeur d'une journée

de travail ou d'un jour d'emprisonnement, fixée comme la moindre par l'article 606 du Code des délits et des peines, ne pourra, pour tout délit rural et forestier, être au-dessous de trois journées de travail ou de trois jours d'emprisonnement.

. . . .

Code civil.

Art. 647. — Tout propriétaire peut clore son héritage, sauf l'exception portée en l'article 682.

Art. 648. — Le propriétaire qui veut se clore perd son droit au parcours et vaine pâture, en proportion du terrain qu'il y soustrait.

Code pénal. (Loi du 28 avril 1832.)

Art. 471. — Seront punis d'amende, depuis un franc jusqu'à cinq francs inclusivement :

. . . .

. . . .

14° Ceux qui auront laissé passer leurs bestiaux ou leurs bêtes de trait, de charge ou de monture, sur le terrain d'autrui, avant l'enlèvement de la récolte ;

. . . .

Art. 474. — La peine d'emprisonnement contre toutes les personnes mentionnées à l'article 471 aura toujours lieu, en cas de récidive, pendant trois jours au plus.

Art. 475. — Seront punis d'amende depuis six francs jusqu'à dix francs inclusivement :

. . . .

10° Ceux qui auraient fait ou laissé passer des bestiaux, animaux de trait, de charge ou de monture, sur le terrain

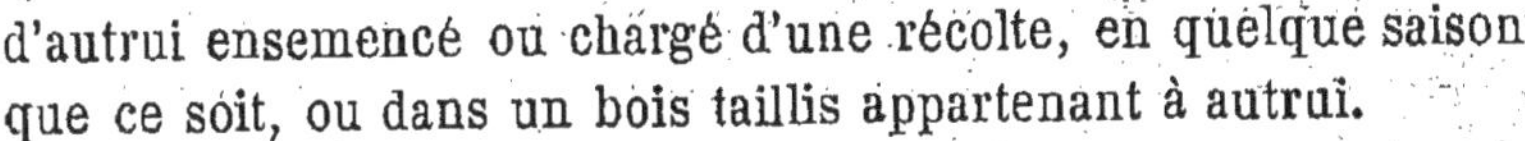

d'autrui ensemencé ou chargé d'une récolte, en quelque saison que ce soit, ou dans un bois taillis appartenant à autrui.

. . . .

Art. 478. — La peine de l'emprisonnement pendant cinq jours au plus sera toujours prononcée, en cas de récidive, contre toutes les personnes mentionnées dans l'article 475.

. . . .

Art. 479. — Seront punis d'amende de onze à quinze francs inclusivement :

. . . .

. . . .

10° Ceux qui mèneront sur le terrain d'autrui des bestiaux, de quelque nature qu'ils soient, et notamment dans les prairies artificielles, dans les vignes, oseraies, dans les plants de câpriers, dans ceux d'oliviers, de mûriers, de grenadiers, d'orangers, et d'arbres du même genre, dans tous les plants ou pépinières d'arbres fruitiers ou autres, faits de main d'homme.

. . . .

. . . .

Art. 482. — La peine d'emprisonnement pendant cinq jours aura toujours lieu, pour récidive, contre les personnes et dans les cas mentionnés en l'article 479.

Art. 483. — Il y a récidive dans tous les cas prévus par le présent livre, lorsqu'il aura été rendu contre le contrevenant, dans les douze mois précédents, un premier jugement pour contravention de police commise dans le ressort du même tribunal.

L'article 463 du présent Code sera applicable à toutes les contraventions ci-dessus indiquées.

Loi du 22 juin 1854 portant abolition de la servitude de parcours et du droit de vaine pâture dans le département de la Corse.

. . . .

Art. 1er. — La servitude de parcours, maintenue provisoirement par l'article 2 de la section IV du titre Ier de la loi des 28 septembre-6 octobre 1791, est abolie dans le département de la Corse.

La suppression du parcours ne donne lieu à une indemnité que si le droit a été acquis à titre onéreux.

L'indemnité ne peut avoir pour base que le profit que la commune créancière retire de l'exercice actuel de son droit.

Le montant de l'indemnité est réglé par le conseil de préfecture.

Art. 2. — Le droit de vaine pâture, maintenu par l'article 3 de la section IV du titre Ier de la loi des 28 septembre-6 octobre 1791, cessera de plein droit, dans le département de la Corse, un an après la promulgation de la présente loi.

Art. 3. — Le délai fixé par l'article précédent peut être prorogé pour une ou plusieurs communes du département, par arrêté du préfet, rendu en conseil de préfecture, soit d'office, soit sur la demande des conseils municipaux.

Cette prorogation de délai ne peut être prononcée que pour une durée de trois ans; mais elle peut être renouvelée par un arrêté rendu dans les mêmes formes.

Indépendamment des restrictions apportées par la loi des 28 septembre-6 octobre 1791, à l'exercice de la vaine pâture, l'arrêté de prorogation peut imposer telle autre réserve ou restriction qui serait exigée par l'intérêt public.

Art. 4. — Les dispositions de la section IV du titre Ier de la loi précitée continuent à régler l'exercice de la vaine pâture jusqu'à l'expiration des délais énoncés aux articles 2 et 3 de la présente loi.

Art. 5. — Toute contravention aux prescriptions de la présente loi est punie des peines portées en l'article 479 du Code pénal, et, en cas de récidive, de celles portées en l'article 482 du même Code.

Il y a récidive lorsqu'il a été rendu contre le contrevenant, dans les douze mois qui précèdent, un premier jugement pour contravention à la présente loi.

Art. 6. — Il n'est pas dérogé aux dispositions de l'article 8 de la section IV du titre Ier de la loi des 28 septembre-6 octobre 1791, ni à celles du Code forestier relatives aux droits d'usage dans les bois et forêts.

Loi du 5 avril 1884 sur l'organisation municipale.

. . . .

Art. 68. — Ne sont exécutoires qu'après avoir été approuvées par l'autorité supérieure, les délibératious portant sur les objets suivants :

. . . .

6° La vaine pâture;

. . . .

Art. 69. — Les délibérations des conseils municipaux portant sur les objets énoncés à l'article précédent sont exécutoires sur l'approbation du préfet, sauf le cas où l'approbation par le ministre compétent, par le conseil général, par la commission départementale, par un décret ou par une loi, est prescrite par les lois et règlements.

Le préfet statue en conseil de préfecture dans les cas prévus aux nos . . 6 de l'article précédent.

Lorsque le préfet refuse son approbation ou qu'il n'a pas fait connaître sa décision dans un délai d'un mois à partir de la date du récépissé, le conseil municipal peut se pourvoir devant le ministre de l'intérieur.

. . . .

Loi du 9 juillet 1889 sur le Code rural (titres II et III). — Parcours, vaine pâture, etc.

Art. 1er. — Le droit de parcours est aboli. La suppression de ce droit ne donne lieu à indemnité que s'il a été acquis à titre onéreux. Le montant de l'indemnité est réglé par le conseil de préfecture, sauf renvoi aux tribunaux ordinaires en cas de contestation sur le titre.

Art. 2. — Est également aboli le droit de vaine pâture, s'il appartient à la généralité des habitants et s'applique en même temps à la généralité du territoire d'une commune ou d'une section de commune.

Toutefois, dans l'année de la promulgation de la présente loi, le maintien du droit de vaine pâture, fondé sur une ancienne loi ou coutume, sur un usage immémorial ou sur un titre, pourra être réclamé au profit d'une commune ou d'une section de commune, soit par délibération du conseil municipal, soit par requête d'un ou plusieurs ayants droit adressée au préfet.

En cas de réclamation particulière, le conseil municipal sera mis en demeure de donner son avis dans les six mois, à défaut de quoi il sera passé outre. (Supp. loi 22 juin 1890.)

Art. 3. — La demande de maintien, qu'elle émane d'un conseil municipal ou qu'elle émane d'un ou plusieurs ayants droit, sera soumise au conseil général, dont la délibération sera définitive si elle est conforme à la délibération du conseil municipal. S'il y a divergence, la question sera tranchée par décret rendu en Conseil d'État.

Si le droit de vaine pâture a été maintenu, le conseil municipal pourra seul ultérieurement, après enquête *de commodo et incommodo,* en proposer la suppression, sur laquelle il sera statué dans les formes ci-dessus indiquées.

Art. 4. — La vaine pâture s'exercera soit par troupeau séparé, soit au moyen du troupeau en commun, conformément aux usages locaux, sans qu'il puisse être dérogé aux dispositions des articles 647 et 648 du Code civil et aux règles expressément établies par la présente loi.

Art. 5. — Dans aucun cas et dans aucun temps, la vaine pâture ne peut s'exercer sur les prairies naturelles ou artificielles. (Supp. loi 22 juin 1890.)

Elle ne peut avoir lieu sur aucune terre ensemencée ou couverte d'une production quelconque faisant l'objet d'une récolte, tant que la récolte n'est pas enlevée.

Art. 6. — Le droit de vaine pâture, établi comme il est dit en l'article 2, ne fait jamais obstacle à la faculté que conserve tout propriétaire, soit d'user d'un nouveau mode d'assolement ou de culture, soit de se clore. Tout terrain clos est affranchi de la vaine pâture.

Est réputé clos tout terrain entouré, soit par une haie vive, soit par un mur, une palissade, un treillage, une haie sèche d'une hauteur d'un mètre au moins, soit par un fossé d'un mètre vingt centimètres à l'ouverture et de cinquante centimètres de profondeur, soit par des traverses en bois ou des fils métalliques distants entre eux de trente-trois centimètres au plus et s'élevant à un mètre de hauteur, soit par toute autre clôture continue et équivalente faisant obstacle à l'introduction des animaux.

Art. 7. — L'usage du troupeau en commun n'est pas obligatoire.

Tout ayant droit peut renoncer à cette communauté et faire garder par troupeau séparé le nombre de têtes de bétail qui lui est attribué par la répartition générale.

Art. 8. — La quantité de bétail proportionnée à l'étendue du terrain de chacun est fixée dans chaque commune ou section de commune entre tous les propriétaires ou fermiers exploitants, domiciliés ou non domiciliés, à tant de têtes par hectare, d'après les règlements et usages locaux. En cas de difficulté, il y est pourvu par délibération du conseil municipal soumise à l'approbation du préfet.

Art. 9. — Tout chef de famille domicilié dans la commune, alors même qu'il n'est ni propriétaire ni fermier d'une parcelle quelconque des terrains soumis à la vaine pâture, peut mettre sur lesdits terrains, soit par troupeau séparé, soit dans le troupeau commun, six bêtes à laine et une vache avec son veau, sans préjudice des droits plus étendus qui lui seraient accordés par l'usage local ou le titre.

Art. 10. — Le droit de vaine pâture doit être exercé directement par les ayants droit et ne peut être cédé à personne.

Art. 11. — Les conseils municipaux peuvent toujours, conformément aux articles 68 et 69 de la loi du 5 avril 1884, prendre des arrêtés pour réglementer le droit de vaine pâture, notamment pour en suspendre l'exercice en cas d'épizootie, de dégel ou de pluies torrentielles, pour cantonner les troupeaux de différents propriétaires ou les animaux d'espèces différentes, pour interdire la présence d'animaux dangereux ou malades dans les troupeaux.

Art. 12. — La vaine pâture établie à titre particulier sur un héritage déterminé s'exerce conformément aux droits acquis. Mais le propriétaire de l'héritage grevé peut toujours l'affranchir, soit moyennant indemnité fixée à dire d'experts, soit par voie de cantonnement. (Supp. loi 22 juin 1890.)

Loi du 22 juin 1890 ayant pour but de modifier le titre II du Code rural (vaine pâture).

Article unique. — Les articles 2, 5 et 12 de la loi du 9 juillet 1889 (Code rural, titre II, vaine pâture) sont abrogés et demeurent remplacés par les dispositions suivantes :

« Art. 2. — Le droit de vaine pâture, appartenant à la généralité des habitants et s'appliquant en même temps à la généralité du territoire d'une commune ou d'une section de commune, cessera de plein droit un an après la promulgation de la présente loi.

« Toutefois, dans l'année de cette promulgation, le maintien du droit de vaine pâture, fondé sur une ancienne loi ou coutume, sur un usage immémorial ou sur un titre, pourra être réclamé au profit d'une commune ou d'une section de commune, soit par délibération du conseil municipal, soit par requête d'un ou plusieurs ayants droit adressée au préfet.

« En cas de réclamation particulière, le conseil municipal sera mis en demeure de donner son avis dans les six mois, à défaut de quoi il sera passé outre.

« Si la réclamation, de quelque façon qu'elle se soit produite, n'a pas été, dans l'année de la promulgation, l'objet d'une décision, conformément aux dispositions du paragraphe 1er de l'article 3 de la loi du 9 juillet 1889, la vaine pâture continuera à être exercée jusqu'à ce que cette décision soit intervenue.

« Art. 5. — Dans aucun cas et dans aucun temps, la vaine pâture ne peut s'exercer sur les prairies artificielles.

« Le rétablissement de la vaine pâture sur les prairies naturelles, supprimée de plein droit par la loi du 9 juillet 1889, pourra être réclamé dans les conditions où elle s'exerçait antérieurement à cette loi, et en se conformant aux dispositions édictées par les articles précédents.

« Elle ne peut avoir lieu sur aucune terre ensemencée ou couverte d'une production quelconque faisant l'objet d'une récolte, tant que la récolte n'est pas enlevée.

« Art. 12. — Néanmoins, la vaine pâture fondée sur un titre et établie sur un héritage déterminé, soit au profit d'un ou de plusieurs particuliers, soit au profit de la généralité des habitants d'une commune, est maintenue et continuera à s'exercer conformément aux droits acquis. Mais le propriétaire de l'héritage grevé pourra toujours l'affranchir, soit moyennant une indemnité fixée à dire d'experts, soit par voie de cantonnement. »

INDEX

Nancy, imprimerie Berger-Levrault et Cie.

www.ingramcontent.com/pod-product-compliance
Ingram Content Group UK Ltd.
Pitfield, Milton Keynes, MK11 3LW, UK
UKHW020310220726
13923UKWH00003B/1052

9 782019 242718